LE CADET

DE

NORMANDIE

PAR

ÉLIE BERTHET.

I

PARIS
PASSARD, LIBRAIRE-ÉDITEUR,
7, RUE DES GRANDS-AUGUSTINS.

1853

LE CADET DE NORMANDIE.

A LA MÊME LIBRAIRIE.

ÉLIE BERTHET.

Le Cadet de Normandie.	2 vol. in-8	10 fr.
La Ferme de la Borderie	2 vol. in-8	10 »
La Bastide Rouge.	2 vol. in-8	10 »
Le dernier Irlandais	3 vol. in-8	15 »
Le Réfractaire.	2 vol. in-8	10 »
Le Vallon Suisse.	2 vol. in-8	10 »
Michel Morin, ouvrage d'éducation.	1 vol. in-12.	2 »
La Malédiction de Paris.	1 vol. in-18	2 »
La Falaise Sainte-Honorine	3 vol. in-8.	15 »
La Fille des Pyrénées	3 vol. in-8	15 »
La Roche tremblante	2 vol. in-8.	10 »
Le Roi des Ménétriers.	3 vol. in-8	15 »
Le Nid de Cigognes	3 vol. in-8.	15 »
L'Étang de Précigny	3 vol. in-8.	15 »
Paul Duvert	2 vol. in-8.	10 »
Le Château d'Auvergne	2 vol. in-8.	10 »
Une Maison de Paris	3 vol. in-8.	15 »
Le Château de Montbrun	3 vol. in-8	15 »
La Fille du Cabanier	2 vol. in-8.	10 »
La Ferme de l'Oseraie	2 vol. in-8.	10 »
Le Pacte de famine.	2 vol. in-8.	10 »
La belle Drapière	2 vol. in-8.	10 »
Le Chevalier de Clermont.	2 vol. in-8.	10 »
Le Braconnier.	2 vol. in-8.	10 »
La Mine d'or.	2 vol. in-8.	10 »
Richard le fauconnier	2 vol. in-8.	10 »
Le Colporteur et la **Croix de l'Affût**	2 vol. in-8.	10 »
Justin et l'Andorre.	2 vol in-8.	10 »

MADAME DE BAWR.

Mes Souvenirs	1 vol. in-8.	5 »
Le même Ouvrage, format Charpentier.	1 vol. in-12.	3 »
Un Mariage de Finance.	2 vol. in-8.	12 »
La Famille Récour	2 vol. in-8	12 »
Auguste et Frédéric.	1 vol. in-8.	6 »
Soirées des Jeunes Personnes.	1 vol. in-12.	3 »
(Ouvrage couronné par l'Académie Française).		
Cecilia, Mémoires d'une Héritière, ouvrage traduit de miss Burney.	5 vol. in-8.	30 »

Les 300 premiers Souscripteurs à cet ouvrage, recevront gratuitement en prime, celui qui a pour titre UN HÉRITAGE ROYAL, par Fabre d'Olivet, 7 volumes in-8.

Sceaux. — Imprimerie de E. Dépée.

LE CADET

DE

NORMANDIE

PAR

ÉLIE BERTHET.

1

PARIS
PASSARD, LIBRAIRE-ÉDITEUR,
7, RUE DES GRANDS AUGUSTINS.

1853

I

Le maître de poste.

Vers le milieu du dix-septième siècle, les voies de communication, même aux approches de la capitale, étaient fort mal entretenues et peu sûres. Aussi ne doit-on rien trouver d'extraordinaire dans cette tradition parvenue jusqu'à nous, qu'avant de partir de Lyon pour Paris, tout bon bourgeois croyait devoir faire son testament. Rien ne ressemblait moins en effet à nos routes royales que les chemins décorés alors de ce nom. Livrés à l'insouciance des habitants des pays qu'ils traversaient, aux dégradations égoïstes des voyageurs, ils n'étaient souvent ni plus larges ni plus commodes que ces chemins de petite vicinalité abandonnés de nos jours à l'entretien parcimonieux des conseils municipaux. La plupart n'étaient point pavés ; les ornières et la boue les rendaient presque impraticables dans la mauvaise saison ; les rivières se passaient à gué d'ordinaire, malgré les inondations ; on traversait les fleuves dans des bacs, qui ne présentaient pas toujours la sécurité convenable ; les auberges étaient rares et mauvaises ; enfin les grappes de pendus qu'on rencontrait à chaque pas sur le bord de la route, rappelaient énergiquement les attaques auxquelles on devait s'attendre. D'après ce rapide aperçu, il n'y avait réellement ni faiblesse ni poltronerie à nos pères de mettre ordre à leurs affaires, avant d'entreprendre une excursion de cent lieues, à travers tant de hasards et de dangers.

A cette époque, la manière la plus ordinaire de voyager était de s'encaisser dans d'immenses coches qui allaient d'une ville à l'autre, avec une vitesse d'un quart de lieue à l'heure, et dont nos confortables diligences ne pourraient nous donner une idée. Quant à ceux qui n'avaient ni le loisir ni la volonté de s'emprisonner dans ces pesantes machines, souvent pour quinze jours si la distance à parcourir était considérable, il leur restait la ressource de voyager dans une voiture de poste, au risque de verser à chaque pas dans les fondrières, ou d'aller à cheval en changeant de monture à chaque relais, comme font les estafettes modernes. Ce dernier mode de transport plaisait particulièrement aux gentilshommes; et s'il était plus expéditif que les autres, il faut avouer qu'il n'était ni moins dangereux, ni surtout moins fatigant. La mauvaise qualité des chevaux qu'on employait à ce service, l'isolement dans lequel se trouvait le voyageur, exposé seul aux entreprises des malfaiteurs qui infestaient la voie publique, étaient sans doute des inconvénients graves ; mais comme, après tout, ces courses à cheval fournissaient le moyen le plus sûr d'arriver promptement à destination, les gens de qualité qui n'avaient à leur suite ni femmes ni enfants s'y résignaient volontiers ; et en ceci ils suivaient la mode, aussi puissante au dix-septième siècle qu'au temps où nous vivons, pour ne pas dire plus.

C'était donc ce genre de transport qu'avaient choisi deux personnages dont la tournure et le costume désignaient des gentilshommes et qui, un jour de juillet 1651, vers les deux heures de l'après-midi, se dirigeaient au galop de leurs chevaux vers la maison de poste d'un petit village situé seulement à quelques lieues de Paris. Cette maison, bâtie sur le bord de la route de Normandie, était une affreuse bicoque; elle semblait consister seulement en une vaste écurie, tant la partie du bâtiment réservée aux créatures humaines était étroite et mesquine. Une forte odeur de foin et d'autres émanations caractéristiques faisaient reconnaître sa présence à plus de cinquante pas à la ronde. Aussi, pour comprendre sa destination, n'était-il pas nécessaire de voir une vieille enseigne suspendue au-dessus de la porte principale et sur laquelle, à côté de l'écusson aux armes de France, on lisait cette inscription à demi effacée : *Maistre tenant les relais courants pour le service du roi.*

Devant cette porte, assis sur un billot de bois, se trouvait un homme de quarante ans environ, vêtu à peu près comme les postillons actuels, en grandes bottes, en bonnet fourré et portant sur la poitrine l'écusson particulier de la poste royale. Mais ce qui donnait à sa personne un air d'étrangeté ridicule, c'était une poignée de paille relevée en forme d'aigrette sur son chapeau. Ce bizarre ornement, qui, vu la profession de celui qui s'en parait, faisait naître l'idée d'une mauvaise plaisanterie, était alors le signe de ralliement des frondeurs : et l'individu qui se permettait d'afficher ainsi ouvertement ses opinions politiques, n'était rien de moins que le maître de poste lui-même, car alors ces fonctionnaires précédaient le plus souvent en personne les voyageurs qu'ils étaient chargés de conduire au relais suivant.

Il ne sembla pas s'émouvoir beaucoup de l'approche de ces gentilshommes. Quand le claquement des fouets et le bruit des grelots attira son attention, il jeta un regard en dessous du côté de la route où se montraient les cavaliers, et un sourire narquois passa rapidement sur sa figure, mais il ne fit pas un mouvement pour se lever et préparer le relais ; il continua de brandir d'un air indifférent une longue gaule, dont il châtiait de temps en temps quelques poules un peu trop familières qui rôdaient en caquetant autour de la maison.

En peu de minutes, la petite caravane atteignit la maison, et les bidets, avec cet instinct routinier qui caractérise encore aujourd'hui leurs pareils, s'arrêtèrent brusquement devant l'écurie. Les deux voyageurs et le postillon qui les accompagnait mirent pied à terre sans que le maître de poste semblât même s'être aperçu de leur arrivée.

— Des chevaux! monsieur Pichard, des chevaux donc! s'écria le postillon en recevant le prix de sa course, que lui remettait l'un des voyageurs; allons vite, en selle! ces braves gentilshommes sont pressés et le pourboire est bon.

— Ils seraient poursuivis par une légion de diables que je ne pourrais leur donner le moyen de s'enfuir! dit maître Pichard toujours immobile.

Celui des deux gentilshommes qui semblait avoir le plus d'autorité s'avança d'un air menaçant et lui dit de cette voix insolente que les nobles d'alors prenaient vis-à-vis d'un inférieur :

— Qu'est-ce à dire, coquin? ne dois-tu pas tenir toujours des chevaux à la disposition de ceux qui voyagent comme nous pour le service du roi? Allons, ne lanternons pas... il faut que nous arrivions de bonne heure à Paris.

— Vous seriez le Mazarin en personne, reprit Pichard avec brusquerie, que je ne pourrais vous fournir un seul bidet, dût-il vous casser le cou au premier ravin... Je n'ai pas une bête à l'écurie, et où il n'y a rien le roi perd ses droits, comme on dit ici.

Cette grosse plaisanterie, faite d'un ton bourru, ne parut pas déplaire au gentilhomme malgré son air orgueilleux. Il sourit même légèrement.

— Ah ! je vois où le bât te blesse, maraud, reprit-il avec plus de calme ; ce mot *service du roi* t'a donné le change, et tu nous prends pour des Mazarins... Eh bien, seras-tu plus traitable si je consens à te dire que nous appartenons à M. le prince de Condé ?

Cette fois le maître de poste se leva, et désignant de la main le panache de paille qui surmontait son bonnet, il répondit d'un ton plus doux :

— Comme vous voyez, mon gentilhomme, je suis moi-même un bon frondeur, ennemi de la cour et du cardinal. Je suis connu pour ça ! Mais des gens, qui se disaient également au service de M. le prince de Condé, ont passé ici il y a quelques heures, et ont rafflé tout ce que j'avais de chevaux, même le méchant alezan boiteux qui sert à porter la lessive. Vous ne vous en plaindrez pas plus que moi, si vous êtes réellement, comme moi, de fidèles serviteurs de M. le prince, que Dieu garde!

Pichard fut interrompu par la plus effroyable bordée de jurons qui soit jamais sortie de la bouche d'un gentilhomme. L'étranger frappait du pied et semblait chercher autour de lui sur qui faire tomber sa colère.

— Une journée de perdue! s'écria-t-il; de grands événements se préparent sans doute à Paris, et je ne serai pas là... Maudits soient ces retards! Cet infernal voyage causera ma ruine!

Il se retourna tout à coup vers le postillon qui, après avoir déchargé lestement les valises, était remonté à cheval et se disposait à retourner chez lui.

— Holà ! coquin, lui dit-il, tu auras deux pistoles ; veux-tu doubler ton étape et nous conduire au prochain relais ?

— Non pas pour un empire, dit le postillon en faisant ses derniers préparatifs de départ.

— Et pourquoi cela ?

— Parce qu'il y a là-bas, du côté de Paris, des démons incarnés que je ne me soucierais pas de rencontrer... Je ne suis ni Mazarin ni Frondeur, moi, continua-t-il en regardant Pichard du coin de l'œil : je suis maître de la poste royale, et pour tous les princes de la terre, je ne voudrais pas rendre fourbue la plus chétive bête de mon écurie.

En même temps il fouetta ses chevaux et partit, sans écouter le gentilhomme, qui le rappelait en le chargeant de malédictions.

Ce voyageur irascible était un homme d'une quarantaine d'années; son extérieur annonçait un personnage de quelque importance. Sa figure maigre, empourprée en ce moment par la colère, exprimait l'orgueil et le dédain ; cependant son regard vif et scrutateur, le caractère fin et intelligent de sa bouche qu'ombrageait une épaisse moustache brune, relevée en crocs, suivant la mode du temps, et enfin certaines rides dont la réflexion avait sillonné son visage, trahissaient plutôt les soucis de l'ambition que les folles préoccupations d'une vanité vulgaire. Du reste, son chapeau rond était orné d'un immense panache blanc, qui n'était la couleur d'aucun parti, et il ne portait pas d'écharpe, contrairement à l'usage des partisans de cette époque. Son manteau de velours vert, son habit et son haut-de-chausses de drap de même couleur, à aiguillettes bleues, ne présentaient rien de particulier; seulement les éperons dorés, attachés au bas de ses bottes de peau blanche, et la petite épée qui se balançait à son côté, étaient là comme des signes incontestables de noblesse qu'il n'avait sans doute aucune raison de cacher pour le moment.

En regard de ce portrait, nous placerons naturellement celui du gentilhomme qui accompagnait le premier et qui lui témoignait en toute occasion une grande déférence. Ce voyageur avait environ vingt-quatre ans, il était robuste et bien fait. Un peu de hâle couvrait son visage régulier et ouvert, d'où l'on pouvait conjecturer qu'il avait passé sa vie à la campagne et qu'il était encore étranger aux mœurs des grandes villes. Ses manières réservées semblaient confirmer cette supposition, et son costume seul eût fourni la preuve indubitable que ce jeune homme allait voir Paris pour la première fois. Son habit de drap gris avait une coupe surannée quoique gracieuse; son manteau, de même étoffe et de forme antique, rappelait les manteaux du temps d'Henri III. Au lieu de ces volumineux panaches, en usage à Paris du temps de la Fronde, une simple plume de coq ornait son chapeau, et sa moustache blonde avait des dimensions fort peu aristocratiques, suivant les idées des merveilleux d'alors. Malgré tout cela le jeune gentilhomme était réellement de fort bonne mine ; et, sans afficher l'arrogance de l'autre voyageur, il conservait une dignité calme plus imposante peut-être.

En apprenant le contre-temps qui les obligeait d'interrompre leur voyage, il avait ressenti, aussi bien que son compagnon, un vif mécontentement. Cependant il ne se répandit pas, comme lui, en injures et en imprécations. Il profita du moment où le seigneur hautain, qui semblait lui servir de Mentor et de guide, reprenait haleine, pour lui dire avec une timidité respectueuse :

— Allons! monsieur le baron, ne vous impatientez pas, nous arriverons à Paris quelques heures plus tard... Que faire contre la nécessité?

— Ventrebleu! Fabien, dit le baron d'une voix dont quelque sentiment secret tempérait un peu la brusquerie, vous en parlez bien à votre aise! Je comprends cela de vous qui croyez aller à Paris uniquement pour vous mettre au service d'une dame; mais si vous étiez préoccupé, comme moi, de graves intérêts, vous sauriez ce que vaut un instant perdu!

— Mon frère, répliqua Fabien avec chaleur, les motifs qui m'ont décidé à vous suivre sont graves pour moi. Mais à quoi bon s'emporter contre le sort, quand la patience seule est de saison ?

Le baron haussa les épaules ; puis, s'adressant au maître de poste, qui avait repris son attitude nonchalante, il lui demanda d'un ton irrésolu :

— Au moins, maître, croyez-vous que vos relais tardent à revenir et faut-il nous risquer à les attendre ?

— Si vous étiez des Mazarins, dit Pichard en se déridant un peu, je vous répondrais non et vous iriez où bon vous semblerait... mais comme vous êtes de loyaux frondeurs et de fidèles serviteurs de M. le prince, entrez, reposez-vous dans mon logis, goûtez de mon vin ; et lorsque les chevaux seront arrivés, je vous jure qu'on ne vous fera attendre que le temps de leur donner la provende.

Sur un signe d'assentiment du gentilhomme, il s'empara des valises, et entra dans la maison de poste, en engageant les voyageurs à le suivre. Le baron s'y résignait déjà d'un air pensif, lorsque Fabien l'arrêta et lui dit d'un ton où son respect pour son frère aîné s'alliait à une fermeté naturelle :

— Vous m'accusez de ressentir moins que vous le chagrin de ce contre-temps, et cependant vous n'avez pas songé au parti le plus sage qu'il nous reste à prendre.

— Et lequel, Fabien, je vous prie ?

— Nous sommes robustes et bien armés tous les deux, Albert ; continuons notre route à pied, et nous pourrons être à Paris ce soir même.

— A pied ! répéta le baron d'un ton de dédain, nous entrerions à Paris comme de pauvres mendiants, nous, des gentilshommes de l'illustre maison de Croissi ?... Corbleu ! Fabien, il faut que le sang roturier de votre mère ait bien altéré dans vos veines le sang noble de notre père commun, pour que vous ayez osé m'adresser une semblable proposition ?

Le jeune homme rougit à cette apostrophe qui contenait une allusion offensante pour une personne de sa famille. Mais il céda presque aussitôt à l'ascendant que le baron exerçait sur lui, et baissa la tête en balbutiant :

— J'avais pensé, Albert, j'avais cru...

Le baron Albert de Croissi sembla prendre pitié de son embarras.

— Vous devez vous habituer, Fabien, reprit-il avec autorité, à parler et à penser désormais en gentilhomme ; songez que ces manières simples, qui pouvaient être bonnes dans notre manoir de Normandie, où vous avez passé votre jeunesse, ne sont plus convenables dans le monde où vous allez entrer. Que penserait-on de nous, bon Dieu ! dans les salles du Louvre, si nous faisions à Paris une entrée triomphale un bâton à la main et une besace sur le dos ?

En achevant ces paroles en forme de

mercuriale, le baron franchit le seuil de la porte et son frère le suivit. La pièce où ils pénétrèrent d'abord, et qui se trouvait de plain pied avec l'écurie, était sombre ; ils eurent peine à se diriger sans se heurter aux meubles. Cependant, grâce aux instructions de Pichard, qui les avait précédés, ils purent gagner un banc boiteux sur lequel ils s'assirent. Quand leurs yeux se furent un peu habitués à l'obscurité, ils se mirent à examiner le lieu où le hasard les obligeait de séjourner pendant quelques instants.

Rien de particulier ne distinguait cette pièce si mal éclairée par deux étroites lucarnes grillées. Dans le fond un grand escalier de bois, conduisant à l'étage supérieur, était encombré de colliers et de harnais de chevaux; le manteau de la cheminée était décoré d'un christ noirci par la fumée et d'une arquebuse à rouet autour de laquelle grimaçaient des images de saints. Une vaste table partageait la pièce en deux et semblait à demeure au milieu de la salle, ainsi que des bancs vermoulus. C'était à peu près là tout ce que l'on pouvait distinguer de ce bouge dont certaines parties étaient, comme nous l'avons dit, plongées dans une obscurité complète.

On peut se faire facilement une idée du redoublement de mauvaise humeur qui s'empara du baron de Croissi en se trouvant dans un taudis sans air et sans lumière. Les jurons recommencèrent de plus belle et ils cessèrent seulement lorsqu'il crut devoir s'humecter le gosier avec le vin annoncé par le maître de poste. Fabien restait à côté de lui silencieux et rêveur ; le coude appuyé sur la table, il se laissait aller à des réflexions profondes que le lieu ne devait certainement pas égayer.

Cependant les gentilshommes ne tardèrent pas à s'apercevoir qu'ils n'étaient pas seuls dans cette salle, et que s'ils avaient des secrets à échanger, ils feraient bien de parler bas. Dans un coin sombre, à l'extrémité de la pièce, quelque chose s'agitait par intervalles ; en même temps ils entendaient un bruit semblable à celui d'un gobelet qu'on vide et qu'on repose sur une table. Mais soit que le baron Albert crût n'avoir rien à craindre d'un indiscret, soit qu'il attribuât ce bruit et ce mouvement au maître de poste qui allait et venait autour d'eux, soit enfin que dans sa préoccupation, il n'eût pas soupçonné la présence d'un intrus, il dit en se débarrassant de son manteau :

— Or çà, Fabien, il serait temps de nous entendre sur beaucoup de points, avant d'arriver à Paris !.. Je voudrais savoir, par exemple, pour qui vous êtes et à qui vous comptez dévouer votre cœur et votre bras... Que diable ! mon frère, il faut vous décider ! Rester neutre est dangereux dans le pays où nous allons.

— Et cependant, monsieur le baron, répondit le jeune de Croissi avec sa timidité ordinaire, j'eusse désiré, vous le savez, ne prendre d'engagement avec aucun parti avant de connaître...

— Celui de mademoiselle de Montglat, votre mie? dit le baron avec un sourire moqueur ; à votre aise, mon frère, quoique peut-être les personnes qui entourent votre belle compagne d'enfance lui aient inculqué des principes différents des miens... Mais si je vous laisse libre de vos actes, Fabien, je ne dois pas souffrir que de gaîté de cœur vous vous exposiez à des insultes, peut-être à des dangers. Que vous n'embrassiez sérieusement ni la cause du coadjuteur, ni celle de monsieur le prince, ni celle de la cour, je le comprends ; mais il faut nécessairement qu'en entrant à Paris vous arboriez les couleurs et les insignes de l'une d'elles, sans cela il n'y aurait pas de sûreté pour vous.

En même temps le baron ouvrit un coffret qui faisait partie de ses bagages ; puis il étala devant son jeune frère des écharpes de diverses couleurs qu'un bon courtisan portait alors toujours avec lui, de la même manière qu'un navire suspect se munit des pavillons de toutes les nations, afin de s'en servir suivant les circonstances.

— Tenez, Fabien, reprit-il, en lui désignant gaîment les divers objets que contenait le coffret, si vous voulez passer pour un partisan du parlement et de l'ancienne Fronde, prenez-moi cette petite fronde de soie et mettez-la sur votre chapeau; tout le monde vous prendra pour un ami intime du bonhomme Broussel et du coadjuteur. Mais si vous voulez m'en croire et suivre mon exemple, ceignez-vous la taille de cette belle écharpe Isabelle, c'est la couleur de monsieur le prince de Condé et de tous les vrais Français. Si au contraire vous préférez passer pour partisan de Monsieur, choisissez cette écharpe bleue; vous serez sûr d'être bien accueilli au palais du Luxembourg... Je ne vous propose pas, continua-t-il en faisant passer rapidement sous les yeux de son frère des écharpes rouges et jaunes, de vous chamarrer des couleurs du duc de Lorraine ; je vous crois d'une vertu trop farouche pour porter la livrée d'un homme que l'on suppose ennemi de la France et du roi, quoiqu'il y ait peut-être beaucoup à dire sur ce sujet...

Je ne vous parle pas non plus, ajouta-t-il, du signe ignominieux que vous venez de voir au chapeau de ce stupide manant de maître de poste ; ces gens-là croient se faire nos égaux en imitant nos façons. Je vous proposerai cependant...

Le jeune de Croissi l'interrompit dans cette énumération, et demanda d'un air de simplicité :

— Parmi tous ces emblèmes, monsieur le baron, en est-il un qui désigne plus particulièrement le parti du roi et de l'autorité légale ?

— Le roi ! répéta Albert en riant, toutes ces factions se disent dévouées au roi, celles qui vont faire la guerre à la reine régente, et qui violentent chaque jour sa volonté.

— Eh bien donc, monsieur le baron, quel est le signe de ralliement, la couleur de ce parti, qui défend le roi contre ses sujets révoltés ?

— Mais ce n'est pas un parti, dit le baron avec une colère trop calme pour être réelle ; si on donne un nom à ces gens qui défendent le roi contre ses meilleurs et ses plus sûrs amis, c'est le nom exécré de *Mazarins...*

— Je serai donc un Mazarin, dit Fabien avec fermeté, car les autres factions me semblent formées en vue des intérêts de tel ou tel prince, de tel ou tel ambitieux, plutôt qu'en vue des intérêts du roi et de l'Etat.

Le baron se pencha pour étudier ses traits, malgré l'obscurité, comme s'il eût voulu s'assurer que son frère parlait sérieusement. Un sentiment assez semblable à de la joie se montra sur son visage, mais il s'empressa de le cacher.

— Est-ce bien mon frère que je viens d'entendre? reprit-il avec une colère feinte. Serait-il possible que je me fusse trompé si fort à son endroit et que je fusse allé le chercher au château de Croissi pour le voir devenir à Paris un infâme Mazarin ?

Un bruit sourd et saccadé, semblable à un ricanement, s'éleva dans le coin sombre où l'on soupçonnait la présence d'un étranger. Le baron se tourna brusquement de ce côté, mais aussitôt tout redevint muet.

—Ecoutez-moi, Fabien, poursuivit Albert avec une solennité affectée ; j'excuse cette folle prétention de votre part, parce que vous n'en connaissez pas la portée. Vous pensez comme un naïf campagnard, n'ayant aucune idée des affaires du pays ; j'aurai toute votre éducation à faire sur ce point. En attendant, vous me permettrez, je l'espère, d'user discrètement de cette autorité que je me réserve de près ou de loin sur votre personne. J'ai deux fois votre âge et notre père en mourant m'a laissé le soin de le remplacer auprès de vous. De plus, une partie de ma vie s'est passée dans les affaires politiques, pendant que vous viviez en solitaire dans mon manoir, vous occupant de chasser, ou de roucouler auprès de mademoiselle de Montglat, qui alors habitait le voisinage de mes terres : j'ai donc sur vous la triple autorité de l'âge, de la paternité et de l'expérience...

Eh bien, mon frère, j'exige que, pour ma sûreté, pour la vôtre, pour l'exécution d'un projet que vous saurez plus tard, vous vous revêtiez de cette écharpe aux couleurs de monsieur le prince de Condé, comme vous allez me voir faire à moi-même...

En même temps, il jeta sur son épaule une large écharpe isabelle et en offrit une pareille à son frère, qui ne se pressa pas d'obéir. Albert fronça le sourcil.

— Monsieur le baron, reprit Fabien avec fermeté, je vous prie de me pardonner ma hardiesse.... Sans doute le sang de ma mère n'est pas aussi noble que celui de la vôtre, mais nous sommes fils du même père et l'on m'a appris qu'un Croissi devait seulement obéir à sa conscience et à

sa raison. Je ne suis pas un grand casuiste
et je n'ai pas, je l'avoue, une idée bien
exacte des factions qui se disputent la
France. Aussi quand vous êtes venu me
chercher il y a quelques jours en Normandie, vous ai-je déclaré que je ne voulais
embrasser aucun des partis existant, avant
d'avoir jugé par moi-même des divers motifs qui les font agir... Si même je me suis
décidé à ce voyage, continua-t-il en rougissant, c'est que ma présence pouvait
être utile, disiez-vous, à une personne
chère ; voilà, vous le savez, la seule raison qui ait pu m'arracher aux douceurs de
la retraite... Je suis votre cadet, et, comme
vous le rappelez, vous avez sur moi la supériorité de l'âge et de l'expérience ; vous
auriez pu ajouter celle de la fortune, car le

modeste patrimoine que m'a laissé ma mère eût été insuffisant pour mes besoins, si vous ne m'aviez abandonné la jouissance d'une partie des biens de la famille, qui sont à vous par droit d'aînesse. Malgré tout cela, monsieur le baron, je n'accepterai pas même de vous une opinion que je croirais erronée ou une obligation qui me paraîtrait injuste...

Le baron écoutait son frère avec étonnement.

— Fabien, dit-il d'un ton cordial, je ne vous reproche pas mes bienfaits et je ne prétends pas vous imposer mes volontés ; mais je n'ai jamais ouï dire qu'une écharpe d'une couleur plutôt que d'une autre pût souiller la conscience et engager l'opinion d'un homme de sens. Quant aux opinions elles-mêmes, nous ne sommes peut-être pas aussi loin de nous entendre que vous le pensez.

En parlant ainsi son regard, son geste, son accent avaient quelque chose de persuasif et d'insinuant ; Fabien ne sut pas résister.

— Je vous obéirai, mon frère, dit-il en souriant et en jetant à son tour l'écharpe sur son épaule; cependant il me paraît sage, quand on n'a comme moi ni affection ni estime pour les partis, de n'en embrasser aucun...

— A moins de les embrasser tous, comme monsieur le baron ! dit une voix moqueuse partie d'un angle de la salle.

Les deux frères tressaillirent et se retournèrent vivement.

— Qui a parlé ? dit Albert, quel est l'insolent qui prend part à notre conversation, sans y être invité ?

— Une personne qui vous connaît bien, reprit la voix, une personne qui pourrait vous dire, baron de Croissi, dans quel but vous êtes allé chercher votre jeune frère en Normandie et ce que vous comptez faire de lui à Paris...

Le baron pâlit; malgré son impétuosité ordinaire, il restait cloué à la même place.

— Tudieu ! continua la voix d'un ton railleur, le jeune homme a du feu, baron Albert, et vous ne l'amènerez pas aisément où vous voulez. Vous vous attendiez à trouver en lui une sorte de rustre imbécile qu'il vous serait facile de mâter, et vous avez trouvé...

Enfin Albert parut recouvrer sa présence d'esprit; il s'écria d'un ton irrité, en s'élançant vers l'endroit d'où la voix semblait venir :

— Jour de Dieu ! je saurai quel est l'insolent qui se joue ainsi de moi !

II

L'Espion.

Le baron de Croissi, dans sa précipitation, se heurta contre un banc que l'obscurité l'avait empêché d'apercevoir. Il chancela et il fût tombé s'il ne se fût appuyé contre la muraille. Un nouveau ricanement accueillit sa mésaventure. Fabien, d'abord étourdi par cet incident inattendu, accourut pour soutenir son frère; quelqu'un passa près de lui, avec la rapidité de l'éclair, et disparut.

— Où es-tu, misérable espion? s'écriait le baron; tu vas payer cher ton audacieuse intervention dans mes affaires.

Il écarta bruyamment les meubles qui obstruaient le passage et se précipita dans la direction du mystérieux écouteur, mais ses bras ne saisirent que le vide.

— Par ici, par ici, mon frère! dit Fabien en désignant une porte basse, située à l'autre bout de la salle; je viens de voir quelqu'un sortir de ce côté.

— Suivez-moi donc, Fabien, au nom de Dieu! reprit le baron avec une émotion singulière; je donnerais la moitié de ma vie pour connaître l'individu qui vient de prononcer de telles paroles. Il y va d'intérêts de la plus haute gravité.

Les deux frères coururent à la porte basse que le plus jeune avait désignée ; mais ils la trouvèrent solidement fermée.

— Allons! dit le baron brièvement, il faut l'enfoncer... Notre espion s'est caché là ; je veux le connaître à tout prix.

— Mais, mon frère, demanda le jeune Croissi avec embarras, ne serait-il pas plus sage...

Sans l'écouter, Albert saisit un madrier qui se trouvait sous sa main et se mit à frapper la porte à grand bruit, comme d'un bélier. Fabien ne tarda pas à l'imiter; leurs coups répétés produisirent un épouvantable vacarme qui ébranlait toute la maison. Les ais commençaient à se disjoindre, lorsque le maître de poste se jeta furieux sur les deux gentilshommes, et les força d'interrompre leur besogne. Cette fois il était accompagné de deux ou trois grands coquins de valets d'écurie qui rendaient son intervention respectable.

— Par tous les diables, messieurs, s'écria-t-il avec colère, quel vertigo vous a donc pris de démolir ainsi mon logis, de briser mes meubles et de faire un tintamare à réveiller les trépassés? Êtes-vous donc ivres et prenez-vous la poste royale pour un lieu de débauche? Ventrebleu! si les gentilshommes de M. le prince ne sont pas plus courtois et plus tempérants que vous...

— Trêve de verbiage, interrompit le baron en essuyant son front couvert de sueur, et ouvre-nous bien vite cette porte, si tu ne veux que je la brise tout à fait.

— Et de quel droit venez-vous enfoncer les portes de la poste royale? repartit Pichard d'un ton plus élevé encore.

— Écoute, reprit le baron, si nous avons commis des dégâts, nous les paierons grassement. Mais un inconnu se tenait là dans l'ombre; il a surpris ma conversation avec ce gentilhomme et m'a dit certaines choses que je veux absolument éclaircir...

— Quelqu'un était ici! s'écria le maître de poste avec un ton d'étonnement parfaitement simulé si toutefois il n'était pas naturel ; ces messieurs se trompent... il n'y avait personne chez moi quand ils sont entrés.

— Oses-tu soutenir un pareil mensonge, dit Albert, et nous prends-tu pour des visionnaires ? J'affirme que nous avons vu ce personnage, bien qu'il nous ait été impossible de distinguer son costume et ses traits ; il nous a parlé de nos propres affaires, de manière à me donner un ardent désir de le connaître mieux !

— En ce cas-là, répliqua Pichard d'un air distrait, comme s'il eut cherché à gagner du temps, ce ne peut être qu'un de mes valets... Ils s'amusent parfois à me boire un pot ou deux que je retiens sur leurs gages.

— Non, non, reprit le baron avec impatience ; je parierais ma tête que celui dont il s'agit n'a pas passé sa vie dans une écurie de village... Mais, puisque tu ne veux pas répondre, maraud, je saurai bien à quoi m'en tenir sur tout ceci, dussé-je démolir ta bicoque pierre à pierre !

Il allait attaquer de nouveau la porte, quand le galop d'un cheval qui s'éloignait se fit entendre à l'extérieur. En reconnaissant ce bruit, qu'il attendait peut-être depuis quelques instants, Pichard sembla se raviser. Il dit d'un ton moitié sérieux moitié railleur :

— Attendez donc, monsieur, je crois me souvenir... Oui... ce doit être cela ! Le personnage dont vous parlez n'était-il pas vêtu en moine de Saint-François ? N'avait-il pas son capuçe relevé, un bissac sur l'épaule, un bâton à la main?

— En effet, dit Fabien, qui avait vu le personnage en question plus distinctement que son frère, il m'a semblé que cet individu portait une robe de moine...

— J'y suis! s'écria le maître de poste du même ton qu'auparavant, c'est frère Thomas sans doute.

— Et qu'est-ce que frère Thomas? demanda le baron.

— Un pauvre moine quêteur qui vient de temps en temps me demander un verre de vin en faisant sa tournée.... Je le croyais parti lorsque vous êtes entrés ici. La première fois que ce maudit frocard se présentera chez moi, je lui apprendrai à se mêler des affaires des gentilshommes voyageurs !

Le baron réfléchissait profondément.

— Un moine mendiant! Ce sont tous des espions, murmura-t-il, et sans doute celui-ci... Encore une fois, continua-t-il d'un ton impérieux, je vous ordonne de m'ouvrir cette porte, ou sinon...

— D'abord êtes-vous bien sûr qu'elle soit fermée? dit le maître de poste d'un air goguenard; il ne s'agit que de savoir s'y prendre... et tenez...

Il posa la main sur un loquet, et la porte céda facilement. Elle donnait dans l'écurie de la poste, où cinq ou six chevaux mangeaient tranquillement au râtelier.

—Il s'est échappé! s'écria le baron avec

rage; et moi qui n'avais pas réfléchi qu'il pouvait y avoir une autre issue de ce côté !

— Vous le voyez, reprit Pichard, il m'est rentré des chevaux pendant que vous faisiez ce beau tapage. Dans quelques instants les pauvres bêtes auront mangé leur avoine, et, bien qu'elles soient fatiguées, vous pourrez partir, si bon vous semble.

Mais le baron n'écoutait pas ; il éprouvait toujours une une poignante inquiétude.

— Mon frère, dit-il brusquement à Fabien, aidez-moi dans mes recherches... Peut-être découvrirons-nous quelque chose qui nous mettra sur la voie de cet impénétrable mystère !

Alors ils parcoururent l'écurie dans tous les sens pour y chercher les traces du fugitif. Le maître de poste les regardait faire avec la plus parfaite indifférence, et semblait s'occuper uniquement du soin de panser les chevaux fatigués. Le baron scrutait avec une attention minutieuse les plus petits recoins; plus d'une fois il sonda avec son épée les provisions de fourrage derrière lesquelles on aurait pu se cacher. Tout à coup il laissa échapper une exclamation d'étonnement, et souleva de la pointe de sa râpière une robe de moine qu'il venait de découvrir sous un amas de housses et de harnais :

— Qu'est ceci, maître hôtelier? dit-il;

prétendrez-vous encore que c'est un vrai moine quêteur qui vous a laissé sa défroque? Sur ma foi de gentilhomme! vous êtes un grand coquin et vous avez trempé dans cette affaire où l'on s'est joué de moi; aussi je jure bien que je ne sortirai pas d'ici sans avoir approfondi cette intrigue!

Pendant qu'il parlait, Pichard tournait et retournait le froc d'un air de malice.

— Oui, c'est bien la robe de ce cafard de frère Thomas, reprit-il enfin; sur mon salut dans l'autre vie, voilà la première fois qu'un moine quêteur laisse quelque chose chez moi au lieu de prendre; car, vous savez, ces bons fripons ont la main prompte et la conscience aussi large que leur bissac... Enfin, monsieur le voyageur, continua-t-il en ricanant, que voulez-vous que je dise? le drôle a eu peur de vous et s'est sauvé. Vous pouvez emporter ce froc, en témoignage de votre victoire! qui sait si vous n'en avez pas remporté de moins belles?

Ces paroles étaient prononcées avec une intention si évidente de raillerie, que les traits du baron prirent tout à coup une expression terrible; ses yeux lancèrent des éclairs. Mais avant qu'il eût fait un mouvement pour châtier le mauvais plaisant, Fabien saisit Pichard au collet et le jeta violemment à terre.

— Misérable! est-ce ainsi que tu parles au baron de Croissi? s'écria-t-il avec indignation; vil manant, je t'apprendrai le respect envers les gentilshommes!

Pichard, quoique fort et robuste, avait été renversé comme un enfant. Mais revenu de l'étourdissement causé par cette brusque attaque, il se débattit sous la main vigoureuse qui le tenait cloué contre terre.

— A moi, Jean-Louis ! à moi, Guillaume ! à moi tous ! s'écria-t-il en appelant ses garçons qui étaient à l'autre extrémité de l'écurie ; cet endiablé va m'étrangler !

Les valets, en effet, s'avancèrent rapidement pour délivrer leur maître ; mais le jeune Croissi leva le poing sur la tête de son ennemi, pendant que de l'autre main il le tenait immobile :

— Si l'un de ces drôles me touche, je te

brise le crâne! cria-t-il d'une voix de tonnerre.

Nonobstant cette menace, les garçons d'écurie allaient obéir à Pichard, quand le baron, voyant d'un coup d'œil les conséquences d'une collision et le tort qu'elle pouvait faire à ses projets particuliers, saisit le bras de son frère pour l'obliger à lâcher le vaincu :

— Allons! allons, la paix... tous! dit-il avec autorité en brandissant son épée, dont les reflets métalliques arrêtèrent aussitôt les prudents alliés du maître de poste; et vous, Fabien, relevez-vous, cet insolent ne mérite pas l'honneur d'être châtié par la main d'un gentilhomme... Lâchez-le, vous dis-je; je vous l'ordonne.

Fabien consentit enfin à laisser aller

Pichard, qui se remit sur ses pieds en jurant comme un possédé. Le baron serra la main de son frère avec une apparente cordialité.

— Merci, Fabien, merci, murmura-t-il, je n'oublierai jamais avec quelle chaleur vous prenez ma défense et comment vous savez faire respecter le nom que nous portons tous les deux... Mais laissez-moi parler à ce coquin; nous n'en obtiendrions rien par la force.

— Comme vous vous voudrez, monsieur le baron, répondit Fabien avec déférence.

En même temps, il alla s'appuyer contre la porte d'un air tranquille, sans que les garçons d'écurie, qui criaient bien haut pour montrer du zèle, osassent s'attaquer directement à lui et s'avancer à sa portée. Pichard seul l'accablait d'injures que le jeune homme supportait avec un sang-froid stoïque.

Enfin, le baron parvint à calmer un peu le maître de poste ; l'entraînant à l'écart, il lui dit avec ce ton doux et insinuant qu'il savait prendre dans l'occasion :

— Ecoutez-moi, mon ami, et causons sans nous fâcher... Je suis le baron de Croissi et je suis connu de M. le prince de Condé ; si de votre côté vous êtes véritablement un fidèle serviteur de Son Altesse, vous ne devez rien me cacher de ce qui touche la noble cause que nous défendons l'un et l'autre. Or, il importe beaucoup, pour la réussite d'une mission dont m'a chargé M. le prince, que je connaisse l'homme qui m'a joué tout à l'heure ce vilain tour, en quoi vous me semblez l'avoir aidé de tout votre pouvoir!.. Si vous refusez de me dire la vérité ou si vous cherchez à me tromper, je vous retrouverai plus tard, et la perte de votre maîtrise sera le moindre châtiment que je pourrai retirer de vous...

Pichard continuait de se frotter les épaules en menaçant Fabien du regard.

— Que voulez-vous que je vous apprenne? répondit-il avec embarras, je ne sais rien.

— Tu auras cinq pistoles... Était-ce un vrai moine?

— Non, dit Pichard en détournant la tête, c'était un cavalier.

— Dix pistoles.... Mais dis-moi son nom.

— Je ne le connais pas.

— Tu mens ! Allons, quinze pistoles.

Mais le maître de poste était réellement de bonne foi pour le moment.

— Vous feriez tinter à mes oreilles tous les écus de France et de Navarre, dit-il avec fermeté, que je ne pourrais vous dire ce que je ne sais pas. Il est arrivé ici peu de moments avant vous et je ne croyais pas qu'il fût autre chose qu'un moine mendiant, comme l'annonçait son habit. Il m'a dit qu'il devait attendre quelqu'un ici, et selon toute apparence, c'était de vous qu'il voulait parler... Il a demandé du vin qu'il a payé d'avance et je ne songeais plus à lui. Ne l'apercevant pas dans la salle, je le croyais parti depuis longtemps, lorsque tout à l'heure je l'ai vu entrer précipitamment dans l'écurie. Les chevaux arrivaient en ce moment. Il s'est approché de moi ; il m'a dit qu'il était gentilhomme, que vous étiez ses ennemis, que l'ayant reconnu malgré son déguisement, vous vouliez le tuer ; enfin il m'a demandé un cheval afin de partir sur-le-champ. Je ne savais à quoi me résoudre, quand, écartant sa robe de moine, il m'a montré par-dessous un riche costume de cavalier ; puis il a pris dans son escarcelle une poignée d'or qu'il m'a donnée...

— Je comprends, dit le baron en le regardant fixement, et tu as obéi ?

— C'est au moment où l'on préparait

son cheval que vous avez attaqué la porte avec grand bruit. Alors il m'a commandé de vous amuser jusqu'à ce qu'il fût en selle.

— Et je sais comment tu t'y es pris, dit le baron en souriant avec amertume ; j'aurais dû me douter du piège... Ah çà, m'as-tu bien tout dit? Ne me caches-tu rien? Si tu mentais...

Le maître de poste parut éprouver tout à coup un scrupule ; tantôt il baissait les yeux avec irrésolution, tantôt il jetait des regards irrités du côté de Fabien, qui conservait la même attitude tranquille et nonchalante près de la porte. Le baron n'eut pas de peine à deviner que son interlocuteur avait réservé la partie la plus importante de ses révélations pour la fin.

— Il y a quelque chose encore! reprit-il, voyons... vingt pistoles! c'est tout ce dont je puis disposer maintenant.

— Dieu m'est témoin, répliqua l'hôtelier en désignant par un geste de haine le jeune de Croissi, que si ce vilain brutal ne m'avait ainsi battu et renversé devant mes garçons, qui vont faire des gorges chaudes de ma mésaventure, je me serais acquitté de la commission dont on m'avait chargé pour lui...

— On t'a chargé d'une commission pour mon frère? reprit Albert d'une voix tremblante d'émotion; parle vite... répète-moi ce qu'on t'a dit; tiens, tiens, ajouta-t-il en fouillant dans sa poche et en présentant une poignée d'or à Pichard, voici autant que t'a donné cet inconnu, mais dis-moi vite de quelle commission on t'avait chargé pour ce jeune homme !

— Ah ! si ce grossier campagnard en avait usé plus poliment avec moi ! dit le maître de poste en cherchant évidemment à rassurer sa conscience et en empochant toutefois le prix de ses indiscrétions ; mais il sera puni de sa brutalité et que le diable l'emporte s'il le veut...

— Je ne l'ai pas encouragé à t'attaquer, dit le baron modérant son impatience avec habileté ; au contraire je l'ai empêché de redoubler ses coups, et sans moi...

— C'est vrai ! c'est vrai ! reprit Pichard tout à fait décidé ; aussi je ne vous cacherai rien. Donc, au moment où j'allais quitter le prétendu moine pour venir vous joindre, il m'a chargé de dire en secret à ce butor, à ce malotru, à ce Mazarin fieffé...

— De lui dire...

— De se défier de vous, que vous vouliez l'entraîner dans une affaire périlleuse où il perdrait peut-être la liberté et la vie, tandis que vous en auriez les bénéfices.

La figure maigre et raide du baron était décomposée.

— Est-ce tout? demanda-t-il avec un accent convulsif.

— C'est tout, et je vous assure que si ce jeune page n'avait pas le poignet si dur..

—Et l'inconnu ne t'as pas appris qui il était, afin que son nom pût donner quelque crédit à cet avertissement..... à cette calomnie?

— Quant à son nom, c'est très sérieusement que je l'ignore. Mais il m'a chargé de répondre, si le campagnard demandait de quelle part lui venait cet avis, qu'il était d'un ami de mademoiselle..... mademoiselle...

— De Montglat? dit le baron à voix basse.

— De Montglat... c'est cela ; et maintenant ne me questionnez plus, car je jure par Dieu, la Vierge et les saints du paradis que je n'en sais pas davantage !

Albert demeura pensif pendant quelques minutes.

— Un ami de mademoiselle de Montglat! répéta-t-il en lui-même. Je m'y perds... Mais je rejoindrai cet homme qui a pensé compromettre mes projets. De qui les tient-il ? Qui nous a trahis ? Allons, il faut de la prudence, ou tout manquera !

Puis, sortant de ses réflexions, il dit au maître de poste :

— C'est fort bien, mon hôte ; je suis satisfait des explications que vous m'avez données... Maintenant les chevaux doivent avoir pris leur provende, et nous désirons partir sur-le-champ. Vite, vos deux meilleurs bidets : on nous attend à Paris.

Pichard s'empressa d'indiquer à ses garçons les chevaux qu'il destinait aux voyageurs, et lui-même se disposait à les aider dans leurs préparatifs de départ, quand

Fabien l'arrêta par un geste, et dit à son frère :

— Cet homme vous a donc fait des excuses, monsieur le baron, sur sa gaîté intempestive ? vous lui avez donc pardonné son insolente familiarité ?

— Oui, oui, mon cher Fabien, répondit Croissi qui cherchait à couper court aux explications ; comme vous dites, il m'a fait des excuses, enfin c'est une affaire finie.

— En ce cas, reprit le jeune homme avec dignité, je dois à mon tour le prier d'oublier mon emportement de tout à l'heure... J'ai eu tort de le traiter si mal pour une méchante plaisanterie qui méritait tout au plus une réprimande ; mon affection et mon respect pour vous m'ont entraîné trop loin.

Le maître de poste regardait le jeune homme d'un air étonné ; le baron se mordait les lèvres.

— Eh quoi ! mon frère, dit-il avec un accent de reproche, parler ainsi à un... maître de poste ! vous, un gentilhomme ?

— Albert, reprit Fabien, je ne sais comment à la cour on comprend les devoirs de gentilhomme ; quant à moi je ne crois jamais déroger en reconnaissant un tort, même envers un roturier, si modeste que soit sa condition... Maintenant donc que je suis tout à fait calme, j'avoue que je n'aurais pas dû frapper ce pauvre homme pour une bagatelle, et je me plais à lui présenter ma main en témoignage du regret que j'en ai.

En même temps il tendit sa main à Pichard avec simplicité. Le maître de poste hésita d'abord, puis il s'écria d'une voix émue :

— Vous êtes un brave jeune homme, et moi je suis un gueux, un scélérat, je suis indigne de...

— Assez, assez, interrompit le baron avec empressement, ventrebleu! voilà une belle scène! c'est touchant comme une tragédie du défunt cardinal!

Le jeune Croissi retira sa main et rougit de paraître ridicule à son frère. Quant à Pichard, il s'inclina sous le regard menaçant du baron, qui semblait lui reprocher ses remords,

En quelques minutes les chevaux furent sellés, chargés des valises des voyageurs et amenés devant la maison. Pendant les allées et les venues que nécessitèrent ces préparatifs, Pichard, touché d'un véritable repentir, tenta plusieurs fois de se rapprocher de Fabien et de lui adresser quelques mots à voix basse, mais chaque fois il rencontra le baron entre Fabien et lui.

Les deux gentilshommes montèrent à cheval, sans que le maître de poste eut trouvé l'occasion qu'il cherchait. Plus le moment du départ était proche, plus il regrettait l'aveu qu'il avait fait à Albert de Croissi. Enfin il crut avoir trouvé le moyen de dire à Fabien ce qu'il avait sur le cœur; un troisième cheval avait été préparé pour le postillon qui devait accompagner les voyageurs jusqu'au relais suivant; il se mit en selle afin de servir lui-même de guide. Mais le baron l'avait aperçu.

— Descendez, dit-il avec autorité ; un de vos valets nous accompagnera.

— Mais...

— Descendez! répéta Croissi d'une voix tonnante.

Pichard n'osa pas résister et céda la place à l'un des postillons.

— Allons! adieu mon beau confident, dit le baron d'un ton railleur au moment de partir, que Dieu vous envoie souvent des frères Thomas qui vous laissent le produit de leur quête!

— Adieu, mon brave, et sans rancune! dit Fabien de Croissi en s'inclinant avec grâce.

Les fouets retentirent et les trois chevaux partirent au galop.

Le maître de poste resta sur le seuil de sa porte et les suivit longtemps du regard. Quand ils eurent disparu à l'angle de la route, une grosse larme roula sur sa joue et il s'écria dans un transport de rage et de douleur :

— Que l'enfer m'engloutisse ! je suis peut-être cause qu'il arrivera malheur à ce noble et courageux jeune homme !

III

Le manoir de Croissi.

Avant de continuer le récit de cette histoire, il est nécessaire que nous donnions quelques détails sur les deux personnages que nous avons introduits peut-être un peu brusquement sur la scène.

La famille de Croissi, à laquelle ils appartenaient, était une de ces vieilles maisons normandes dont l'origine remontait au temps de la conquête de la Neustrie. Leur père, le baron Gervais-Philibert de Croissi avait été l'un des seigneurs qui restèrent fidèles à Henri IV dans les époques les plus critiques, et, quoique fervent catholique, il n'avait pas hésité à se vouer corps et âme au service du roi légitime. Après la pacification de la France et l'entrée triomphale d'Henri dans sa capitale, le loyal seigneur, trop fier pour assiéger les antichambres du Louvre et se mêler à la foule acharnée des solliciteurs, s'était retiré dans son donjon à demi ruiné des environs de Chartres. Là il vécut obscur et oublié, en guerre avec ses sangliers, en paix avec ses voisins, murmurant quelquefois contre la cour et les courtisans, mais parlant toujours avec respect de son roi, à qui il se flattait modestement d'avoir rendu le trône de ses pères.

Au commencement du dix-septième siècle, le baron Gervais-Philibert, alors dans la force de l'âge, s'ennuya de la solitude de son vieux manoir; il épousa une noble demoiselle, dont la dot ne fut pas inutile pour payer les dettes contractées pendant la guerre et pour réparer son château qui en avait grand besoin. De ce mariage naquit Albert de Croissi, et cet évènement combla d'orgueil et de joie le bon gentilhomme, qui avait craint plus d'une fois que son nom ne s'éteignît avec lui. Mais la naissance d'un fils, si l'on en croyait la tradition du voisinage, fut la seule satisfaction que le baron trouva dans cette union ; le bruit courait que le brave soldat d'Henri IV n'avait pas su dompter le caractère impérieux de sa femme et qu'il avait beaucoup à souffrir de ses hauteurs. Quoi qu'il en fût, la baronne mourut peu après la naissance d'Albert, et nul ne put dire si sa mort fut ou non un sujet de chagrin pour son bonhomme de mari.

Vingt années environ se passèrent encore pendant lesquelles il continua de mener la vie de gentilhomme campagnard dans son manoir silencieux, laissant l'éducation de son fils aux soins d'un vieil abbé, fort savant, quoiqu'on l'eût soupçonné de protestantisme. Nous voudrions pouvoir dire que l'héritier de Croissi avait profité des leçons de son précepteur; par malheur il n'en fut rien. Albert n'avait pas, plus que son père, le goût de l'étude; mais aussi il n'avait pas cette franchise, cette loyauté, qui caractérisaient l'ancien soldat du Béarnais ; il tenait de sa mère un caractère indomptable, irascible, qui s'alliait d'une manière étrange à des instincts de ruse et d'égoïsme.

A dix-huit ans cependant un changement notable s'opéra dans la personne d'Albert. Il sembla sentir le besoin de dissimuler les penchants funestes qui inspiraient à tous ceux qui l'approchaient, un véritable sentiment de répulsion. Il devint tout à coup grave, posé, raisonnable ; il cacha, sous une apparence de soumission aux volontés paternelles, l'orgueil et l'ambition qui le dévoraient. Le baron était dans le ravissement ; il regardait son fils comme le modèle accompli des jeunes gentilshommes du pays. Cependant le jour vint où cette admiration dut s'éteindre. A peine Albert eut-il atteint sa majorité, qu'il exigea le compte rigoureux des biens qui lui revenaient du côté maternel et quitta Croissi, pour aller vivre à Paris auprès de quelques parents de sa mère, dont le crédit lui promettait un avancement rapide à la cour.

Le baron se trouva donc seul encore une fois dans son triste château ; il put réfléchir tout à l'aise à l'ingratitude de ce fils qui avait ainsi trahi ses espérances. Il avait alors environ soixante ans ; c'est l'âge ou l'isolement se fait le plus cruellement sentir. Albert lui donnait rarement de ses nouvelles et ne revenait pas à Croissi. Cette indifférence excita le ressentiment du vieillard, qui eut le tort de se marier pour la seconde fois. Il épousa une jeune femme charmante, vertueuse, bonne, mais pauvre et d'une noblesse douteuse, car elle était fille d'un ancien procureur qui avait acheté au parlement de Rouen une de ces charges que l'on appelait alors *savonnettes à vilain.*

L'orgueilleux Albert jeta les hauts cris et refusa de participer à ce qu'il appelait la mésalliance de son père. Mais le vieux Croissi était de ces hommes faibles qui, incapables de résister en face, sont opiniâtres et inflexibles à distance. Le mariage eut lieu, bien qu'Albert n'y assistât pas et que la noblesse du voisinage en fît des gorges chaudes. Deux ans après, naquit Fabien de Croissi, ce qui ne contribua pas à diminuer les caquets, dans le pays chartrain, sur le chapitre du bon gentilhomme.

Le baron se trouva donc entouré d'une nouvelle famille. Les soins empressés de sa jeune femme, la présence de cet enfant gracieux qui venait embellir ses derniers jours, eussent dû lui faire oublier le fils ingrat qui le reniait. Cependant, par une de ces bizarreries si communes dans le cœur humain, ce qui eût dû effacer de sa mémoire le souvenir d'Albert fut ce qui l'y grava plus profondément. Malgré ses efforts, il ne pouvait considérer sa femme que comme une étrangère, élevée jusqu'à lui dans un moment de caprice, et dont les vertus roturières contrastaient avec les défauts aristocratiques de la première baronne de Croissi. Quant à cet enfant, il n'était pour lui qu'une espèce d'intrus incapable de soutenir l'éclat de la famille, et ses idées se portaient naturellement vers le véritable rejeton de la vieille souche, celui qui seul pouvait continuer le tronc de l'arbre généalogique. Aussi devint-il sombre, mélancolique, et ses chagrins, peut-être ses regrets, le conduisirent au tombeau.

A son lit de mort il réclama la présence de son fils aîné avec tant d'instances, on fit valoir auprès d'Albert des considérations si puissantes que force fut au courtisan de quitter un instant Paris, où il poursuivait le cours de ses projets ambitieux, pour venir recevoir la bénédiction paternelle. Son arrivée au manoir adoucit les derniers instants du baron, qui avait besoin de cette réconciliation si longtemps attendue pour mourir en paix. D'ailleurs Albert ne s'était pas montré aussi dur qu'on l'avait craint envers cette belle-mère et ce jeune frère qu'il ne connaissait pas ; le mourant les lui recommanda tous les deux chaleureusement et il expira, confiant dans la promesse que lui fit Albert de veiller sur eux.

La baronne de Croissi et Fabien, alors agé de quatorze ans, se trouvèrent donc à la merci d'un homme impérieux qui considérait leur existence comme une atteinte portée à l'honneur de sa maison. Aussi, après la mort du vieillard, voulurent-ils échapper à la tyrannie qu'allait immanquablement faire peser sur eux le nouveau seigneur de Croissi ; mais ils s'étaient trompés sur les intentions du mystérieux Albert. A leur grand étonnement, il annonça gracieusement qu'il désirait que rien ne fût changé dans le manoir, que sa belle-mère et son frère continuassent à tenir le même état qu'auparavant. Quant à lui, il allait retourner à Paris, en leur laissant l'administration de ses biens, dont toutefois on lui rendrait chaque année un compte fidèle. « Il était convaincu, ajouta-t-il galamment, que son fief ne pouvait que prospérer entre les mains d'une dame que son père avait jugée digne d'être sa compagne. »

Cette générosité, à laquelle la baronne et son fils étaient loin de s'attendre, excita vivement leur reconnaissance. L'un et l'autre avaient été habitués à ne parler d'Albert qu'avec un profond respect; cette conduite noble était bien de nature à redoubler la vénération qu'on leur avait inspirée pour lui. D'ailleurs la baronne était pauvre; en quittant le château, le seul parti qui lui restât à prendre était d'entrer au couvent. D'autre part, Fabien, comme cadet, n'avait aucune espèce de droit sur l'héritage de son père. La loi qui dépouillait entièrement les cadets au profit des aînés était plus sévère en Normandie qu'en aucune autre province, d'où l'on appelait *cadets de Normandie* les pauvres hères qui n'avaient ni sou ni maille. Force donc eût été à la mère et au fils d'accepter la proposition du baron Albert de Croissi, lors même que la volonté du nouveau chef de la famille ne leur en eût pas fait une obligation sacrée.

Pour dire la vérité, cette conduite d'Albert avait d'autres motifs qu'une subite bienveillance pour la veuve et le fils du défunt seigneur. En arrivant dans ses domaines, autrefois fort délabrés, il les avait retrouvés dans un état de prospérité tout à fait satisfaisant. Son père ne lui avait pas caché que c'était à la gestion sage et prudente de sa seconde femme qu'on devait cet état florissant et l'accroissement notable de revenus qui en résultait. Or Albert, qui ne pouvait habiter lui-même ses domaines, n'était pas fâché de les savoir administrés par une personne habile, probe, dont les peines seraient gratuites. Ainsi donc, sa générosité s'expliquait naturellement. D'ailleurs, il n'eût pas osé affronter l'opinion de la noblesse en chassant inhumainement sa belle-mère et son frère du toit paternel. Une pareille cruauté l'eût rendu odieux, et Albert était de ces hypocrites qui comptent arriver aux honneurs par la bonne renommée, la tenue et un détachement apparent des avantages matériels. Il affectait, disait-on, une vertu farouche contrastant avec les mœurs relâchées qui régnaient alors à Paris. Il se montrait sobre, rangé, économe, pour faire croire qu'il n'avait pas besoin d'augmenter sa fortune. Il ne craignait pas de laisser voir son orgueil aristocratique, afin qu'on ne pût lui supposer le désir de donner un plus vif éclat au nom dont il était si fier. Cette espèce d'ambitieux, qui allait devenir commune sous Louis XIV, était née sous le ministère du cardinal de Richelieu.

Madame de Croissi et Fabien restèrent donc en Normandie, et le baron revint à la cour. Le tranquille château de Croissi, un moment agité par la mort du vieux seigneur et par la présence d'Albert, reprit son aspect accoutumé ; la baronne continua d'administrer avec la même sagesse qu'auparavant les domaines de son beau-fils, et Fabien, malgré sa jeunesse, l'aidait de son mieux dans cette tâche.

Le second fils du baron fut élevé dans une sorte de culte pour son frère aîné ;

dès qu'il eut l'âge de raison, il prit l'habitude de le regarder comme une véritable Providence, arbitre futur de sa destinée. La distance donnait à ce frère courtisan les proportions les plus imposantes ; aussi, quoique Fabien fût par caractère fier et audacieux, son orgueil ne s'éleva-t-il jamais contre l'espèce de dépendance où il se trouvait vis-à-vis d'Albert. Lorsque sa mère mourut, ce qui arriva deux ans environ après la mort du vieux baron, il ne refusa pas de se charger seul de l'administration des domaines de Croissi, sans s'apercevoir qu'il se trouvait ainsi l'intendant et le premier domestique de son frère aîné.

Livré à lui-même, privé d'une tendre mère qu'il avait tant aimée, Fabien avait mené une existence triste et monotone dans le château paternel. Heureusement pour lui, il n'avait aucune ambition. Il n'éprouvait nul désir de suivre l'exemple de ces gentilshommes campagnards qui allaient courir les aventures loin de leur pays, exposant leur vie dans des querelles de partis, lorsqu'ils ne pouvaient exposer autre chose. Il s'ignorait lui-même ; il ne songeait pas qu'il lui fût possible de s'élever au-dessus de la position modeste où le hasard l'avait jeté.

Un événement vint encore augmenter son amour de la solitude et lui donner pour le monde une véritable aversion.

A quelque distance de Croissi, s'élevait un vieux château, fort maltraité pendant les guerres de religion et qui était resté longtemps inhabité. Il appartenait à une famille noble qui avait quitté la Normandie et dont tous les membres avaient suivi des fortunes diverses, si bien que son nom s'était presque effacé de la mémoire des gens du pays. Or, en 1648, quelques années avant l'époque où commence cette histoire, ce nom avait été prononcé tout-à-coup de nouveau ; on avait réparé une aile du vieux manoir, et sitôt qu'elle avait été habitable, une vieille dame presque octogénaire et une jeune fille d'environ quinze ans, sa pupille, étaient venues se confiner dans cette masure. La vieille dame avait connu de beaux jours à la cour d'Henri IV ; mais elle devait être bien déchue de son ancienne splendeur pour se retirer dans ce triste château. Sa jeune compagne était sa petite-fille, l'unique rejeton de l'ancienne souche des comtes de Montglat, dont toutes deux elles portaient le nom.

Fabien ne fit pas d'abord grande attention à ses nouvelles voisines ; il laissa passer plusieurs mois avant de rendre visite aux deux dames, qui du reste vivaient fort retirées. Un jour cependant que le hasard ou un caprice de son cheval l'avait dirigé du côté de Montglat, il résolut de pousser jusqu'au manoir, et par un sentiment de courtoisie naturel à certains gentilshommes de cette époque, d'aller offrir ses services aux deux nobles solitaires. Qui sait ce qui frappa d'abord le plus vivement le jeune Croissi de l'amabilité, de l'esprit, des connaissances profondes de l'aïeule, ou de la grâce, de la beauté, de la douceur de la jeune demoiselle? Toujours est-il que Fabien, trouvant un charme infini dans la société de ses voisines, revint souvent chez elles. Tout d'abord la vieille dame l'avait mis dans la confidence de leurs projets ; elles étaient pauvres ; la terre de Montglat, formait toute leur fortune ; elles désiraient l'améliorer, et, pour cela, elles croyaient ne pouvoir prendre les conseils de personne plus capable que Fabien de les éclairer sur les améliorations possibles. De son côté, le jeune agriculteur ne pouvait refuser ses avis à deux personnes si intéressantes, l'une par son extrême jeunesse, l'autre par son extrême vieillesse, toutes les deux par leurs malheurs. Il renouvela donc ses visites, il prit en main la direction des propriétés ; bientôt il ne quitta presque plus l'habitation des dames de Montglat.

On devine sans peine ce qu'il advint de cette intimité ; Fabien aima mademoiselle Élisabeth de Montglat et fut aimé d'elle. Ce fut un amour doux, modeste, innocent, qui grandit sous les yeux de l'excellente aïeule, sans lui donner de l'ombrage. Fabien trouva dans la fréquentation de ces deux femmes du monde élégant, cette délicatesse d'idées, cette urbanité de mœurs qu'il ne connaissait pas jusque là. Il crut longtemps que ses assiduités à Montglat avaient pour cause unique le plaisir toujours nouveau qu'il trouvait dans la conversation des châtelaines. Aucun aveu n'avait été échangé, aucun projet n'avait été mis en avant, et cependant ces trois personnes s'entendaient à merveille. Fabien était pauvre, il est vrai ; mais les modestes propriétés qui devaient revenir à mademoiselle de Montglat après la mort de son aïeule ne pouvaient établir entre eux une grande disproportion de fortune. Il n'y avait donc à leur union aucun obstacle sérieux, et dans leur jeune imagination ils entrevoyaient le plus riant avenir, lorsqu'un coup de foudre vint briser tout à coup ces espérances.

Madame de Monglat avait conservé des relations suivies avec quelques dames influentes de la cour ; inquiète pour l'avenir d'Élisabeth, elle avait sollicité plusieurs fois ses anciennes amies de s'intéresser à la jeune fille orpheline. Pendant longtemps on ne répondit pas à ses instances, et la bonne vieille remarquait avec chagrin l'affaiblissement graduel de sa santé, lorsqu'elle reçut enfin une réponse de la duchesse de Chevreuse, qu'elle avait intéressée plus particulièrement à sa petite-fille. Cette lettre annonçait que la duchesse avait obtenu pour Élisabeth de Montglat une place de dame d'honneur auprès de la reine.

Que faire en pareille circonstance? Fallait-il, dans le vague espoir de marier plus tard sa pupille à un cadet, qui n'avait rien et qui dépendait absolument d'un frère avare, renoncer aux brillants avantages offerts à Élisabeth? Celle-ci partit donc pour Paris avec son aïeule, et nous laissons à penser quelles promesses, quels serments furent échangés entre les jeunes gens avant la séparation, car cette catastrophe avait enfin forcé le timide Fabien à se déclarer.

Dans les premiers temps de l'arrivée des deux dames à la cour, il reçut souvent de leurs nouvelles ; un mot glissé furtivement dans les lettres de son aïeule par Élisabeth entretenait les illusions du jeune campagnard ; mais bientôt les lettres devinrent rares, et lorsque la dame de Montglat mourut, elles cessèrent tout à fait. Peut-être la jeune fille, par un sentiment de convenances, ne voulût-elle pas continuer ce commerce que l'approbation d'une mère ne sanctionnait plus ; peut-être dans le monde brillant où elle vivait, trouvait elle des distractions qui avaient chassé de son cœur le pauvre Fabien. Ce fut à cette pensée qu'il s'arrêta lui-même lorsque ses dernières missives, toutes remplies de l'expression de ses plaintes et de ses reproches, restèrent sans réponse. D'abord il se lamenta, il maudit l'ingrate qui oubliait si vite des promesses solennelles ; puis sa douleur prit des allures plus calmes et devint un sentiment profond, concentré, qui se trahissait seulement par une continuelle mélancolie.

Deux ans encore se passèrent ainsi. Fabien, froissé dans ses plus chères affections, était tombé dans une sorte d'atonie qui le rendait plus que jamais insensible à l'ambition. Il ne désirait plus que de vivre et de mourir inconnu, puisque la femme pour laquelle il aurait pu désirer la grandeur et l'opulence ne songeait plus à lui. Telles étaient donc ses dispositions d'esprit, quand Albert arriva tout à coup au château.

Cette apparition inattendue, au moment où l'état était bouleversé par des intrigues auxquelles le baron prenait une part active, le surprit singulièrement ; son étonnement s'accrut encore lorsqu'il remarqua le changement opéré dans les manières de l'orgueilleux Albert de Croissi. Jusque-là son frère aîné lui avait paru froid et sec même dans ses bienfaits ; maintenant il le trouvait affable, simple, presque affectueux. Autrefois Albert ne s'était montré que son seigneur, maintenaut il se montrait son égal et son ami. Dès le soir même de son arrivée, ils eurent ensemble une longue conversation.

— Mon frère, dit le baron en donnant à Fabien ce titre pour la première fois, nous vivons à une époque où il n'est pas permis à un brave gentilhomme, tel que vous êtes, de rester dans ses terres à tuer des lièvres et à planter des choux. Il vous faut un genre de vie plus digne de votre nom ; j'ai promis à feu M. de Croissi, notre très honoré père, de prendre soin de votre fortune ; le moment est venu où je puis enfin dégager ma promesse. Je viens vous chercher pour vous produire à Paris, et si vous voulez suivre mes conseils, vous ne tarderez pas à trouver fortune et crédit à la cour.

Fabien ne reçut pas ces ouvertures comme le baron l'avait espéré.

— Je vous remercie, monsieur, dit le jeune homme avec tristesse, mais je ne suis pas fait pour ce monde brillant dont vous me parlez, et je désire ne pas le connaître ; je crains bien qu'il ne soit tel, qu'après l'avoir vu de près, je ne pourrais l'aimer !

Le baron de Croissi était trop *positif*, comme on dit aujourd'hui, pour comprendre ce refus, et il l'attribua peut-être dans sa pensée à une grossière ignorance. Mais vainement développa-t-il toutes les ressources de son esprit captieux pour vaincre l'opiniâtreté de son frère, vainement passat-il de l'ordre à la prière ; Fabien résistait avec une fermeté respectueuse.

Enfin, le baron parut frappé d'un souvenir, et cherchant dans ses tablettes, il en tira une lettre en souriant.

— Je vois, Fabien, reprit-il, que je n'ai pas auprès de vous le crédit sur lequel je comptais ; il me reste à m'assurer si certaine personne de votre connaissance sera plus éloquente que moi... Lisez ceci.

En même temps, il présenta la lettre à Fabien, qui, en reconnaissant l'écriture de mademoiselle de Montglat, ne put retenir un cri perçant.

— Lisez, répéta le baron.

Fabien ouvrit d'une main tremblante le papier, qui contenait ces mots :

« Croyez votre frère, et venez à Paris.

ÉLISABETH. »

— Elle m'aime encore ! elle pense encore à moi! dit le pauvre jeune homme en tombant sur un siége, à demi suffoqué par le bonheur; j'obéirai, monsieur, je dois obéir à mademoiselle de Montglat!

Dès le lendemain, ils commencèrent ce voyage dont nous avons raconté un épisode chez le maître de poste Pichard.

IV

Ouvertures.

En quittant la maison de poste, les chevaux, fatigués par leurs courses précédentes, montraient encore un reste d'ardeur; mais à peine eurent-ils fait une lieue que la force et le courage commencèrent à leur manquer. Le galop qu'ils avaient pris d'abord se changea peu à peu en une espèce de trot lourd et inégal, puis ce trot dégénéra en pas relevé qui se ralentit de minute en minute. On peut facilement s'imaginer combien de pareilles allures devaient irriter l'impatience des deux gentilshommes ; aussi n'épargnaient-ils pas à leurs montures les incitations du fouet et de l'éperon. Tout fut inutile ; les pauvres bêtes, à chaque avertissement de cette nature qu'elles recevaient sur la croupe ou dans les flancs, secouaient les oreilles et n'en avançaient pas plus vite. Le postillon lui-même, après avoir traité les malheureux quadrupèdes de *brigands de Mazarins*, et employé les châtiments les plus énergiques, finit par convenir qu'il n'y avait de leur part aucune mauvaise volonté. Mieux valait donc se résigner à s'avancer au pas que de risquer par trop d'exigence de faire à pied le reste du chemin.

La journée avait été très chaude; à cette heure même, bien que le soleil descendît rapidement vers l'horizon, il dardait encore des rayons ardents; la poussière blanche et déliée qui s'élevait sous les pieds des chevaux était suffocante. Aussi, voyant l'impossibilité d'accélérer leur marche, les voyageurs cessèrent-ils bientôt de s'épuiser en efforts superflus. Le baron vint se placer côte à côte de Fabien, qui, par respect, se tenait en arrière. Il dit bientôt d'un air distrait, en frappant de son fouet une branche d'orme qui barrait la route :

— Allons, mon frère, puisque ces misérables haridelles nous obligent à aller du train d'un vieux conseiller qui se rend au parlement sur sa mule héréditaire, ne pourrions-nous mettre à profit le temps qui nous reste et causer un peu de nos affaires ?

— Sans aucun doute, monsieur le baron, répondit Fabien avec abattement, et pour commencer, je vous avouerai que, plus nous avançons vers Paris, plus je sens mon cœur se serrer, sans que je sache pourquoi. Nos bonnes gens de Croissi diraient que c'est un pressentiment, et que sans doute un malheur nous attend au terme du voyage... En vérité, monsieur, continua-t-il en souriant, je rougis de vous avouer une pareille faiblesse, mais je ne saurais la surmonter.

Albert le regarda fixement.

— Et que pourriez-vous avoir à craindre avec moi, mon frère? demanda-t-il d'un ton sec : ne suis-je pas là pour vous aider de mon expérience, pour vous garantir de tout péril? D'ailleurs, reprit-il d'un air moqueur, sans que cependant Fabien pût s'en offenser, vous reverrez à Paris une personne dont l'image devrait donner à vos idées une tournure plus riante? Allez, allez, Fabien, quoique j'aie vécu loin de vous, je n'en connais pas moins votre joli roman avec l'aimable bergère de Monglat. Vous ignorez peut-être, mon frère, que je ne vous avais pas entièrement abandonné à vous-même dans le manoir; il y avait autour de vous des gens qui me rendaient compte secrètement de vos actions, et dans leurs rapports ils n'ont eu garde d'oublier cette belle passion.

— Je ne sais, monsieur, répondit Fabien en rougissant, qui a pu vous apprendre...

— Ne cherchez pas à nier, interrompit le baron amicalement ; la rapidité avec laquelle vous vous êtes décidé à partir, après avoir lu ce chiffon de papier, ne me laisserait aucun doute, si je ne pouvais déjà m'appuyer sur un aveu de mademoiselle de Monglat elle-même.

— Quoi ! s'écria Fabien transporté, elle se souvient de ces heureux jours si vite écoulés ? Mais à votre tour, mon frère, parlez-moi d'elle, je vous en supplie... Vous la connaissez donc ? vous la voyez donc souvent ?... Oh, de grâce ! dites-moi ce que vous savez de cette chère Elisabeth !

Pourquoi m'a-t-elle donné si longtemps des raisons de croire qu'elle avait oublié jusqu'à mon nom ?

— Je ne puis rien ajouter aux détails que vous connaissez. Je vois rarement mademoiselle de Monglat ; son service la retient constamment auprès de la reine ; c'est seulement dans une circonstance récente que j'ai eu occasion de me rapprocher d'elle... Mon nom m'a bien vite attiré sa confiance, et je n'ai pas eu beaucoup de peine à la faire entrer dans mes vues, au sujet d'une importante mission qui doit vous être confiée.

— Une importante mission, à moi ? demanda le jeune gentilhomme avec étonnement ; vous m'avez déjà dit, en effet, monsieur le baron, que vous comptiez m'employer à Paris dans une affaire de haute gravité; mais pourriez-vous m'apprendre en quoi je pourrais vous servir, moi, modeste et ignorant campagnard?

— Il n'est pas temps encore, Fabien, de vous révéler le secret de cette entreprise... Mais si, malgré les dangers qu'elle présente, vous y jouez dignement votre rôle, une prompte et brillante fortune vous attend.

En même temps le baron épiait les traits de son frère comme pour s'assurer de l'impression que ces vagues insinuations produisaient sur lui. Fabien rêva pendant quelques minutes.

— Excusez-moi, monsieur le baron, reprit-il timidement, mais j'ai souvent entendu dire à feu notre père qu'à la cour il était impossible de faire une prompte et brillante fortune par des moyens honorables.

Le baron se redressa fièrement.

— Qu'est-ce à dire, monsieur mon frère? reprit-il d'un ton irrité ; croyez-vous donc qu'une entreprise où je suis entré puisse être jamais déshonorante ? Oubliez-vous si vite les égards et la soumission que vous me devez ? Ventrebleu ! les paroles absurdes de cet espion invisible agissent-elles au point de vous rendre déjà suspectes mes intentions et mes bontés pour vous? S'il en est ainsi, monsieur de Croissi, il est encore temps de rebrousser chemin, de retourner vous ensevelir dans l'oisiveté et l'obscurité du manoir de mon père..... Je n'irai plus vous y troubler, monsieur, et je rendrai compte à mademoiselle Elisabeth de la foi qu'elle peut avoir en son gentilhomme !

A ces mots le baron retint brusquement la bride de son cheval, comme s'il eût attendu, dans sa dignité blessée, que son frère se séparât de lui. Mais Fabien, loin de prendre ce parti, répliqua chaleureusement :

— De grâce, excusez-moi, monsieur, si j'ai pu vous offenser par une parole inconsidérée. Je ne sais pas donner à mes pensées cette tournure délicate en usage à la cour, et je parle peut-être avec trop de rudesse... N'interprêtez donc pas si mal une réflexion dont je n'ai pu vouloir vous faire une application injurieuse. Me défier de vous, mon frère ! et pourquoi donc ? N'avez-vous pas toujours été pour moi un

ami, un protecteur, un second père?...
Laissons donc ce pénible entretien, monsieur le baron, continua-t-il ; afin de vous prouver combien vos soupçons sont peu fondés, je suis prêt à vous obéir en tout ce qui dépendra de moi pour mener à bien l'entreprise dont vous parlez. Du moment qu'Elisabeth, mademoiselle de Montglat, veux-je dire, et vous, mon frère, vous avez cru devoir m'y donner part, elle ne peut être que glorieuse et honorable... Quant à vous quitter, je ne vous quitterai maintenant que lorsque vous me repousserez !

La physionomie du baron avait repris graduellement une expression plus calme.

— Ce ne sera donc jamais, mon cher Fabien, dit-il avec véhémence, car désormais nous devons vivre unis de cœur et de volonté... Mais j'y consens, ne parlons plus de cette sotte querelle, aussi douloureuse pour moi que pour vous-même.

Ils se remirent en marche, et ils s'avancèrent quelques instants côte à côte. Fabien, malgré la réconciliation qui avait suivi cette petite altercation, était plus triste encore qu'auparavant et Albert plus agité.

— Mon frère, reprit le jeune Croissi après un assez long intervalle de silence, je ne reviendrai pas sur ma promesse de soumission, permettez-moi cependant une question... une seule ? Cette entreprise, dans laquelle ma place est déjà désignée, doit-elle avoir pour but l'intérêt d'un parti politique, tel par exemple que celui de Monsieur le prince, dont vous portez les couleurs et dont, m'a-t-on dit, vous êtes un des gentilshommes?

— Auriez-vous vraiment, Fabien, une si forte répugnance à servir le premier homme de guerre de notre époque, un héros dont l'histoire doit plus tard célébrer les hauts faits ?

— Personne n'admire plus que moi les qualités militaires du grand Condé, monsieur le baron ; mais si les bruits qui se sont propagés dans nos paisibles campagnes ne sont pas faux, l'éclat de tant de belles actions sera terni, je le crains, par cet amour effréné des factions que le prince montre aujourd'hui.

Le baron ne put retenir un geste de satisfaction.

— Est-ce là votre opinion sur M. de

Condé, Fabien? reprit-il en souriant; eh bien, mon frère, prenez courage; ce ne sera pas au profit d'un factieux, fut-il premier prince du sang, que l'on réclamera votre dévoûment; et pour vous rassurer, je vous dirai que moi-même, quoique je garde encore les apparences, j'ai quitté son parti.

— Quoi! monsieur le baron, serait-il possible?

— Brisons là, interrompit Albert d'un ton laconique. Vous saurez la vérité quand nous serons à Paris. Mais en attendant il faut que vous me promettiez encore une chose, Fabien; quoique vous me voyez faire ou dire, ne vous étonnez ni de mes actions ni de mes paroles... Ce qui vous paraîtra mystérieux d'abord, s'expliquera suffisamment plus tard, et mes motifs auront certainement votre approbation. Donnez-moi donc votre parole de gentilhomme que vous vous abstiendrez de toute réflexion fâcheuse, que vous céderez aveuglément à mes avis, jusqu'au moment où je croirai devoir vous rendre compte moi-même de ma conduite envers vous !

Fabien hésita, mais sa déférence pour son frère était si grande, sa défiance avait été si peu éveillée qu'il consentit à l'abnégation complète qu'on exigeait de lui.

— J'engage ma foi de gentilhomme que je ne vous fatiguerai pas de questions inutiles, dit-il avec simplicité.

— C'est bien, mon frère, reprit le baron, cette docilité nous honore tous les deux ; songez-y pourtant, votre confiance pourra bientôt être soumise à de rudes épreuves... Mais si vous y résistez, je suis autorisé à vous promettre la récompense qui vous sera la plus précieuse et la plus désirable... la main de mademoiselle de Montglat.

Le jeune Croissi tressaillit à cette parole, et dans les transports de sa joie, il fut sur le point de s'élancer à bas de son cheval.

— Serait-il possible? s'écria-t-il, oh! mon frère, pour obtenir une pareille récompense, j'affronterais mille dangers, je risquerais le salut de mon âme! Mais croyez-vous qu'Elisabeth consentira...

— J'en suis sûr, répondit le baron avec vivacité ; elle vous en donnera bientôt l'assurance elle-même... Soyez dévoué, fidèle dans ce qu'on attend de vous, et avant un mois la reine-régente signera votre contrat de mariage avec sa fille d'honneur.

— Mon frère, mon frère, s'écria Fabien hors de lui, je vous obéirai, je le jure.

Albert lui jeta un sourire de triomphe.

— Voilà où je voulais vous amener, reprit-il ; nous sommes donc sûrs de nous entendre, Fabien, et vos espérances ne seront pas trompées.

En ce moment, les voyageurs aperçurent Paris à l'extrémité de l'horizon. Bien que cette capitale n'occupât pas alors la vaste étendue d'aujourd'hui, Fabien ne put retenir un cri de surprise à la vue de cet amas confus de tours, de clochers et de palais qui se dressaient, d'une manière fantastique, dans un brouillard diaphane. Le baron jouit de sa surprise naïve ; puis il dit d'une voix pénétrante, en étendant le bras vers Paris :

— Regardez cette immense ville, mon frère ; dans quelques jours, peut-être, elle sera tout entière occupée de vous, et par votre moyen elle rentrera sous la domination légitime qu'elle méconnaît maintenant..... Vous êtes appelé à de grandes choses.

Fabien se tourna vers lui d'un air de surprise ; mais le baron, comme s'il eût craint d'en avoir trop dit, piqua son cheval, qui s'était un peu reposé pendant cette conversation. Le jeune Croissi l'imita, puis tous les deux disparurent dans le nuage de poussière que soulevaient les pieds de leurs montures.

V

Le Pont-Neuf.

A l'époque où remontent les événements que nous venons de raconter, on était en pleine *fronderie;* Paris se trouvait déchiré par les factions qui rendirent si malheureuses les dernières années de la minorité de Louis XIV. C'était le moment où, après l'expulsion du cardinal Mazarin, la reine régente, Anne d'Autriche, avait à lutter à la fois contre les impérieuses exigences du prince de Condé et de ses frères, sortis récemment de la prison du Havre, contre les velléités despotiques du parlement, et enfin contre les prétentions du coadjuteur Paul de Gondi et du duc de Beaufort, *le roi des halles,* tribuns hardis qui tenaient le peuple de Paris en laisse et le faisaient gronder ou l'apaisaient à leur gré, suivant les besoins de leur politique intéressée. On n'en était pas encore à la guerre civile qui devait éclater un peu plus tard, mais on y préludait. Chaque jour Paris devenait le théâtre de quelque émeute ou de quelque scène de désordre. Les citoyens paisibles voyaient avec douleur le prince de Condé et le coadjuteur se rendre tous les matins au parlement, chacun avec un cortège de cinq ou six cents gentilshommes armés jusqu'aux dents. L'autorité royale n'était respectée nulle part ; quiconque prétendait agir publiquement en vertu d'un mandat légal, était traité de *Mazarin,* injurié, frappé, quelquefois massacré. Il n'y avait plus de sûreté pour personne à moins d'embrasser un parti, de se donner à l'un des chefs de la vieille ou de la nouvelle fronde, et d'en adopter les couleurs. On tremblait continuellement qu'une altercation entre deux laquais ivres, dans la salle du palais, n'amenât une collision terrible entre les partisans de Condé et ceux du coadjuteur, et que Paris ne fût mis à feu et à sang par un simple malentendu des factieux subalternes. On se disait avec terreur qu'en pareille circonstance, les chefs eux-mêmes se reconnaissaient impuissants à empêcher les désastres qui résulteraient de la première effusion de sang.

Cependant Anne d'Autriche, au milieu des dangers, n'avait pas cru devoir échapper par la fuite aux partis qui la bravaient sans cesse et la menaçaient jusque dans le Palais-Royal. Soumise aux conseils de Mazarin, qui de Breuil, où il s'était retiré, dirigeait encore les affaires de l'Etat, au grand scandale des frondeurs vieux et nouveaux, elle attendait le moment où les factions seraient abattues l'une par l'autre, pour profiter de leur faiblesse et les écraser toutes à la fois. Cette politique passive ne manquait pas d'habilité, mais Anne d'Autriche, la fière Espagnole, était femme avant d'être reine; les insolences de M. le prince, qui exigeait dans l'Etat une autorité telle que, suivant l'expression de Mazarin, « il ne lui aurait plus manqué que d'être sacré à Reims, » l'avaient irritée au dernier point. Aussi, dans sa colère, n'avait-elle pu attendre patiemment l'effet infaillible de cette conduite prudente, et elle avait conclu secrètement une sorte de ligue défensive contre Condé avec le coadjuteur, qu'elle s'était attaché par la promesse du chapeau de cardinal.

Cet allié puissant, qui s'appuyait du reste sur l'autorité de Monsieur (Gaston d'Orléans, frère de Louis XIII), était donc à la fois le champion du peuple contre le Mazarin et le champion de la cour contre

le premier prince du sang. L'on sent ce qu'il lui fallait d'adresse pour jouer longtemps ce rôle dans une ville livrée aux passions les plus effrenées. Heureusement Gondi se trouva de taille à supporter sans plier un pareil fardeau ; il avait bien mesuré ses forces avant de se poser en chef de parti, bien qu'il ait dit lui-même à tort ou à raison « qu'il faut plus de grandes quali-
« tés pour faire un bon chef de parti que
« pour faire un bon empereur de l'univers.

Voilà donc quel était l'état de Paris au moment où les deux Croissi arrivèrent à la Porte-Neuve qui s'élevait à l'ouest de la ville. Le soleil avait disparu et on était sur le point de lever le pont-levis, lorsque les voyageurs, précédés du postillon qui annonçait leur approche par de grands claquements de fouet, franchirent le fossé et pénétrèrent sous la voûte de la porte. Au bruit qu'ils firent, des soldats de la milice bourgeoise se montrèrent sur le seuil du corps de garde ; une sentinelle présenta sa hallebarde au postillon, qui s'arrêta.

— Halte-là, mon beau coureur ! dit le milicien d'un air goguenard ; avant d'aller plus loin, il faut que ces gentilshommes causent un peu avec notre capitaine et lui disent qui ils sont et d'où ils viennent.... Allons donc ! on n'entre pas dans Paris comme ça.

Le baron poussa son cheval avec colère vers le bourgeois :

— Place, manant, cria-t-il d'un ton impérieux ; j'appartiens au prince de

Condé et je voyage pour son service.

— Cela est fort bien, dit le milicien intimidé, mais j'ai reçu la consigne....

— Au diable, toi et ta consigne! interrompit l'orgueilleux Croissi, et laisse-nous passer. Ai-je le temps d'écouter les balivernes qu'un courtaud de boutique voudra me débiter?

— Mais, monsieur, nous avons reçu l'ordre du prévôt...

— Tiens, voici pour toi.

En même temps, le baron impatienté lui appliqua un vigoureux coup de fouet; c'était ainsi que les gentilshommes en usaient alors volontiers avec la garde citoyenne.

Aux cris de la sentinelle, ses camarades, qui occupaient le poste voisin, accoururent en désordre, en brandissant leurs hallebardes. Mais toute inoffensive que fût cette milice municipale, le baron ne jugea pas à propos d'attendre les suites de son algarade. Il fit signe à son frère et au postillon, et ils s'éloignèrent. Ils prirent la première rue détournée qu'ils rencontrèrent, et ils furent bientôt hors des atteintes des bourgeois qui entouraient leur camarade, en proférant d'impuissantes menaces.

Après quelques minutes d'une course rapide dans des rues étroites et tortueuses, telles qu'étaient alors la plupart des rues de Paris, le baron jugea convenable de ralentir un peu le pas. Bientôt il se mit à regarder à droite et à gauche, d'un air préoccupé ; les choses ne lui paraissaient

pas être dans l'ordre accoutumé. En effet,
les fenêtres et les portes des boutiques se
fermaient précipitamment, comme au moment d'une émeute ; de rares passants se
glissaient le long des maisons en silence,
et on apercevait çà et là, sur les places et
dans les carrefours, des groupes nombreux
où l'on causait d'un air animé.

Fabien, pour qui tous ces signes particuliers dans l'aspect de la ville n'avaient
aucun sens, attribua la préoccupation du
baron à sa récente aventure avec les gardiens de la Porte-Neuve. Il profita du moment où l'on traversait un terrain vague
et non pavé, pour demander à son frère
avec intérêt :

— Serait-il possible, monsieur le baron,
que ces bourgeois tirassent une vengeance

quelconque de votre accès de vivacité ?

Le baron le regarda d'un air étonné.

—Bah! dit-il, je ne pense plus à ces malotrus, ils se plaindront à leur quartenier, qui se plaindra au prévôt, qu'on n'écoutera pas... Allez, ces drôles de bourgeois sont habitués à nos façons, et leur cuir est à l'épreuve de nos fouets!... Non, autre chose m'inquiète, Fabien; ne voyez-vous pas ces gens courir d'un air d'effroi? On dirait qu'il se passe quelque chose d'extraordinaire dans le voisinage.

— Que nous importe, mon frère ?

Ce nom de frère, prononcé d'un ton élevé, parut cette fois sonner désagréablement aux oreilles du baron.

— Ecoutez, Fabien, reprit-il d'un ton moitié amical, moitié impérieux, j'ai oublié de vous faire une recommandation essentielle : c'est qu'il ne sera pas nécessaire de rappeler à tous propos le degré de parenté qui existe entre nous... J'ai des raisons particulières, que vous connaîtrez plus tard, de ne pas apprendre à tous venants le lien du sang qui nous unit... Ne vous offensez pas de mes paroles, continua-t-il d'un ton plus doux en voyant le visage de Fabien s'empourprer légèrement, et souvenez-vous de vos engagements.

Il fallut tout le respect que le jeune de Croissi portait à son frère pour l'empêcher d'exprimer son mécontentement, en recevant cette injonction humiliante. Son âme était cruellement froissée, et sans doute ses réflexions eussent pris une direction fâcheuse pour le baron si de nouveaux évènements n'eussent réclamé son attention.

A travers mille détours, ils étaient arrivés au Pont-Neuf, qui justifiait alors beaucoup mieux son nom qu'aujourd'hui. Fabien, depuis son entrée à Paris, n'avait vu que des rues sales, laides, souvent désertes ; il eut peine à retenir un cri d'étonnement en présence du spectacle qui frappa tout-à-coup ses regards. Le Pont-Neuf avait à cette époque la physionomie particulière que les auteurs contemporains se sont plus à retracer bien des fois. A son extrémité méridionale s'élevait une masure isolée que surmontait une haute tour ; c'était le *Château-Gaillard*, dont l'usage antérieur était inconnu, mais qui servait alors de théâtre au marionnettes de Brioché. La statue équestre d'Henri IV était à la place où nous la voyons aujourd'hui ; seulement le cheval avait deux fois les proportions du cheval actuel, et sa couleur vert clair rappelait le long espace de temps qu'il avait passé au fond de l'océan. En face, à l'entrée de la place Dauphine, s'élevaient quelques tréteaux misérables sur lesquels un bâteleur et son maître débitaient des onguens et des lazzis aux badauds du voisinage : c'était le fameux théâtre de Tabarin; autour de ces tréteaux se pressaient, à certaines heures, la cour et la ville. A l'autre extrémité du pont, sous la seconde arche, on voyait briller, aux derniers rayons du crépuscule, les figures dorées de la *Samaritaine*, dont le carillon jouait par intervalles des airs merveilleux que l'on n'écoutait pas.

En temps ordinaire le jeune Croissi, pour qui ce spectacle était si nouveau, eût examiné avec intérêt ces curiosités. Bien plus qu'aujourd'hui, le Pont-Neuf était le rendez-vous de ces charlatans effrontés, de ces chanteurs en plein vent, de ces bouquinistes, de ces industriels étranges dont parlent les écrivains du dix-septième siècle ; mais quand les voyageurs s'avancèrent pour le franchir, l'effet dramatique de la scène détourna tout à fait leur attention du décor.

Une foule considérable encombrait le pont. Les boutiques portatives, les étalages des fripiers, des vendeurs d'orviétan étaient renversés et foulés aux pieds. On criait, on se poussait, on riait, on pleurait, et, dans cette bagarre, les tire-laines trouvaient mainte occasion d'exercer la dextérité de leurs mains. Les passe-volans aux costumes bariolés, les bourgeois vêtus de noir, les basochiens en habits rouges, les femmes aux chaperons de drap ou de velours, les fiers-à-bras de tous les partis décorés d'écharpes isabelles, rouges ou bleues, se mêlaient, se confondaient en tumulte ; les acclamations les plus bizarres se choquaient en l'air, poussées par mille bouches railleuses ou irritées.

Cette rumeur avait pour cause un carrosse gris à quatre chevaux, arrêté vers le milieu du pont et tellement pressé par la foule qu'il ne pouvait ni avancer ni reculer. Quelques hommes du peuple avaient saisi les rênes des chevaux, et le grand cocher à longues moustaches et à brillante livrée qui occupait le siége, n'osait employer la force pour se débarrasser de cette canaille. Deux ou trois jeunes pages chargés d'escorter la voiture, s'enfuyaient dans diverses directions, poursuivis par des huées. Trois dames, couvertes de masques de velours noir, comme en portaient alors les dames de qualité, et un gros gentilhomme qui se démenait avec véhémence, se trouvaient au fond du carosse. Cependant, malgré ces actes de violence, la foule n'en venait pas encore aux derniers excès envers ses prisonniers. On les regardait insolemment par les portières, on les accablait d'injures, mais personne ne paraissait songer à porter la main sur eux.

Les clameurs étant nombreuses et confuses, les voyageurs ne purent distinguer aucune parole qui leur donnât l'explication de ce qu'ils voyaient. Fabien ouvrait de grands yeux étonnés; mais le baron, habitué depuis le commencement des troubles aux scènes de ce genre, ne trouva rien de bien important dans cet événement et il prit la résolution de gagner par un autre chemin le faubourg Saint-Germain, où était son hôtel. Comme il se préparait à changer de direction, un nouveau coup d'œil jeté sur le carrosse gris l'arrêta tout-à-coup. Il venait de s'apercevoir que le grand cocher aux volumineuses moustaches portait la livrée de la reine. Cette observation produisit une vive impression sur lui. Il descendit de son cheval, et s'approchant d'un jeune homme en soutanelle noire râpée, qui semblait être un écolier en théologie, et qui, malgré la gravité de son habit, débitait force quolibets, il lui demanda d'un ton dégagé :

— Holà ! maître écolier, pourriez-vous me dire la cause de cette émotion populaire ? Que diable avez-vous à crier contre ce carrosse ?

L'écolier, en s'entendant interpeller ainsi, se retourna lestement, fort disposé sans doute à exercer sa verve railleuse sur l'imprudent curieux qui s'adressait à lui ; mais la vue d'un cavalier de bonne mine, bien accompagné et portant une écharpe aux couleurs du prince de Condé, calma d'abord toute velléité de moquerie.

— *Grammatici certant*, monsieur, répliqua-t-il, c'est-à-dire en français : je n'en sais rien... Mais ne trouvez-vous pas comme moi, monsieur, qu'il est fort divertissant de voir ainsi le peuple s'ameuter ? Depuis quinze jours on n'avait rien vu de si joli.

Et se tournant vers la foule, il continua de crier d'une voix retentissante :

— Vive la Fronde ! A mort le Mazarin ! *Euge! Macte animo*, braves bourgeois ! Schelme qui gardera ses poumons pour une meilleure occasion !

Le baron regarda d'un air méprisant son bruyant interlocuteur et il allait s'adresser à quelque autre personne mieux informée et plus grave, quand le sorbonnien reprit à son tour :

— Or çà ! monsieur, vous êtes gentilhomme et sans doute vous avez vu la cour; vous pouvez donc nous dire si ce grand escogriffe que vous voyez perché là haut, comme Apollon au sommet du Parnasse (et il désignait le cocher du carrosse), porte réellement la livrée de la reine Anne, *vulgo dicta* d'Autriche, *pessima quœdam virago ?*

— La reine? répéta le baron, qui saisit ce mot au milieu de ce galimathias pédantesque ; serait-ce vraiment la régente?

— *Fama refert*, on le dit.

— Mais ce serait de sa part une imprudence impardonnable ! reprit le baron dans la plus grande agitation et oubliant qui l'écoutait ; non, elle n'oserait sortir ainsi sans gardes et s'exposer à la colère d'une populace imbécile !

L'écolier fit une légère grimace.

— On croit, reprit-il plus sérieusement, qu'elle vient du couvent des Carmélites, où elle a passé la journée à prier pour le retour de son cher Mazarin... Je tiens l'histoire d'une vieille femme qui, tout-à-l'heure, m'a offert un philtre amoureux pour me faire aimer d'une duchesse... Mais, continua-t-il avec humeur, puisque vous ne voulez pas répondre à mes questions, *sileo;* bonsoir, bonne nuit, beau gentilhomme ! vous n'avez pas même en poche de quoi m'offrir un pot de vin pour faciliter la sortie de mes renseignements !

En achevant ces mots, l'écolier lui tourna le dos et recommença ses clameurs de manière à prouver que le reconfortant en question était au moins inutile.

Albert de Croissi n'avait pas remarqué ces paroles insultantes. Il éprouvait une perplexité singulière et balançait entre deux partis dont il calculait les dangers et les avantages. Pendant qu'il restait seul, immobile et muet au milieu de cette foule bruyante, son frère, qui prenait soin de se tenir près de lui, dit à voix basse :

— Je ne sais quelle peut-être la cause de cette échauffourée, monsieur le baron, ni pour qui elle se fait ; mais il y a dans ce coche des dames qui me semblent en péril, et peut-être serait-il de notre devoir de leur venir en aide.

— Et que gagnerions-nous à nous mêler de cette affaire ? répliqua le baron d'un air d'hésitation ; d'ailleurs nous ne pouvons rien seuls contre tant de furieux !

— Ce sont des coquins moins à craindre encore que les miliciens de la porte, répondit d'un air dédaigneux le jeune Croissi, fort infatué de l'opinion que les gentilshommes d'alors avaient de leur supériorité sur les roturiers ; d'ailleurs, continua-t-il, j'aperçois dans la foule plusieurs cavaliers portant comme nous les couleurs de M. le prince ; nous pouvons les appeler et...

— Non pas, interrompit Albert très alarmé ; je ne veux pas, Fabien, que nous nous mêlions de tout ceci, je ne veux pas surtout que des amis de M. le prince nous voient ensemble... Vous ne savez pas de quelle importance il est pour nous de ne pas être remarqués en ce moment! Revenons sur nos pas, et cachons soigneusement notre visage. Maudit soit le carrosse et tout ce qu'il contient!... Suivez-moi, Fabien; nous sommes peut-être restés trop longtemps ici.

Il enfonça son chapeau sur ses yeux et tourna bride. Le jeune Croissi imita ses mouvements, mais il était déjà trop tard pour revenir en arrière. Pendant cette halte de quelques minutes, une grande quantité de charriots et de carosses s'étaient accumulés à l'extrémité du pont et formaient une barrière infranchissable à l'entrée de la rue de la Monnaie. Force fut donc aux voyageurs de reprendre leur premier projet et de se diriger de nouveau vers la rue Dauphine, à travers l'émeute.

—Enveloppez-vous dans votre manteau! couvrez votre visage, répétait Albert.

Fabien ne cédait qu'avec répugnance à ces injonctions, dont il ne comprenait pas la nécessité; cependant il ramena, par habitude d'obéissance, un pan de son écharpe sur sa figure. Albert semblait prendre les mêmes précautions pour ne pas être reconnu ; il baissait la tête et évitait les groupes où se montraient les écharpes isabelles.

Ils avancèrent ainsi pendant quelques instants, à demi portés, eux et leurs chevaux, par la foule qui se pressait aux abords de la place Dauphine. On criait, on jurait contre leurs montures, fort gênantes en effet dans une presse pareille. Ils se trouvèrent enfin à peu de distance du carrosse, objet de cette rumeur, et en face des portières. Fabien ne put s'empêcher de jeter en passant un regard de curiosité et de compassion sur les personnes qui en occupaient l'intérieur. Leur position était critique ; les gens qui les entouraient devenaient de plus en plus menaçants ; on ne se contentait plus d'injurier, on montrait le poing ; plusieurs pierres avaient même déjà retenti contre le coffre de la voiture. Les pauvres femmes, ainsi assiégées, pleuraient à chaudes larmes et semblaient conjurer à mains jointes leurs persécuteurs d'avoir pitié d'elles. Le cavalier qui les accompagnait, et qui prenait sa bonne part dans l'animadversion publique, était pâle de colère et voulait se jeter sur le peuple l'épée à la main. Or, l'irritation était telle, que le premier coup porté, la moindre tentative de résistance, pouvaient faire mettre en pièces et le coche et ceux qu'il contenait.

Fabien sentit sa volonté se révolter contre l'impassibilité qui lui était ordonnée; cependant obéissant aux ordres de son frère aîné, il allait passer, quand un cri aigu partit de la voiture. En même temps une des dames que menaçait le peuple se penchant à la portière, arracha son masque et laissa voir les traits d'une jeune fille d'une pâleur mortelle, mais belle et touchante dans son effroi. Elle tendit les mains vers le jeune de Croissi et s'écria d'une voix suppliante :

— Fabien.., monsieur de Croissi... au nom de Dieu ! venez à notre aide !

Cette dame éplorée était mademoiselle de Montglat, la compagne d'enfance de Fabien.

Sans doute il n'entendit pas cette prière, au milieu des hurlements de la foule, mais cette voix, ce geste, ces traits si connus de sa chère Elisabeth, électrisèrent le jeune homme. Il ne songea pas au danger, il oublia les recommandations d'Albert, et, plongeant ses éperons dans les flancs de son cheval, il se rua sur la populace en disant d'une voix forte :

— A moi, monsieur le baron !

— Arrêtez, Fabien, arrêtez! dit Albert épouvanté. ne vous mêlez pas de cette affaire!

Mais Fabien n'écoutait pas et ces recommandations se perdirent dans l'effroyable tumulte que causait son attaque subite. Le jeune Croissi, les yeux étincelants, les narines gonflées de colère, poussait son cheval en avant, foulant et renversant tout ce qui se trouvait sur son chemin, s'escrimant de son fouet avec une rapidité qui tenait du prodige. On peut facilement comprendre l'effet de cette charge inattendue sur les émeutiers qui encombraient le pont; des cris de rage et de vengeance s'élevaient, mais on fuyait l'atteinte de ce fouet redoutable qui imprimait des marques sanglantes sur les visages. La foule si compacte un moment auparavant s'ouvrit tout à coup, laissant un large passage jusqu'au carrosse. Fabien profita du premier moment de surprise, il fondit à coups de fouet sur les misérables qui s'étaient emparés des rênes, et fit signe au cocher, qui s'empressa de piquer ses chevaux. La voiture partit ventre à terre, sans que les gens du peuple songeassent à autre chose qu'à éviter d'être écrasés sous les roues de la pesante machine. Quelques secondes avaient suffi pour opérer cette délivrance.

Fabien voulut d'abord suivre ceux qu'il venait de sauver. Au moment où le carrosse s'était mis en mouvement, il avait vu Elisabeth se pencher à la portière et lui faire un signe de la main ; était-ce un remerciment ? était ce une invitation de l'accompagner? Il l'ignorait, mais il comprenait, qu'après une pareille action, il avait tout à craindre de cette populace irritée. Il voulut donc fuir, il n'en eut pas la possibilité. Vainement enfonça-t-il de nouveau ses éperons dans les flancs de sa monture pour la forcer à prendre le galop ; le pauvre cheval de poste, épuisé par les prouesses qu'on venait d'exiger de lui, hennit tristement au lieu de partir, tourna sur lui-même et s'abattit avec son cavalier.

Fabien n'était pas blessé, mais il ne se sentit pas moins perdu ; la foule, que sa contenance hardie avait étonnée, s'élança sur lui dès qu'il fut renversé. Mille mains robustes et brutales l'étreignirent ; pendant quelques minutes il fut balloté de l'un à l'autre avec une violence terrible.

— C'est un Mazarin, criait un gros boucher qui portait sur sa figure une large coupure sanglante faite par le fouet de Fabien. Ah ! il veut mener le bon peuple de Paris à coups d'étrivières, le pendard ! Allons, les autres, un coup de main... à la rivière, le Mazarin ! jetons-le par-dessus le pont.

— Oui, oui! à la Seine ! répétèrent plusieurs voix.

— A mort le Mazarin ! cria la foule.

Fabien encore froissé de sa chute, étourdi par ces tiraillements, fut lestement enlevé de terre et emporté vers le parapet du pont. Il ne tentait aucune résistance, elle était inutile : cependant il essaya de regarder autour de lui pour chercher son frère. Son frère avait disparu.

VI

Le Sauveur.

La situation de Fabien paraissait désespérée : en proie à la rage de la multitude, il ne lui restait plus qu'à élever sa pensée vers Dieu et à mourir chrétiennement. Il lui vint cependant un secours inattendu.

— Un moment, mes amis, un moment! dit un vieux bourgeois qui avait été touché sans doute de la jeunesse et du courage de Croissi, prenez garde aux méprises!.. Ce cavalier paraît être un gentilhomme de la suite de M. le prince; ne voyez-vous pas qu'il porte l'écharpe isabelle? Songez que M. le prince sera mécontent si l'on maltraite ses gens !

Cette observation diminua l'acharnement des révoltés; les plus ardents mollirent un peu et montrèrent de l'hésitation. Fabien, de son côté, crut devoir tenter un effort pour échapper au sort qui le menaçait.

— Misérables ! s'écria-t-il en cherchant à dominer le bruit de la foule, vous pourrez payer cher la violence que vous me faites... Je suis gentilhomme, j'ai des amis puissants, et...

Des imprécations lui coupèrent la parole.

— Ventrebleu! reprit le boucher d'un air railleur, ne voilà-t-il pas un beau gentilhomme avec son rabat d'étoupe et son habit de gros drap, comme celui de feu mon père! Avez-vous jamais vu dans la suite de Son Altesse des nobles de si piètre apparence? Je vous dis que c'est un Italien, un émissaire du cardinal... Ne le reconnaissez-vous pas à son accent? (Notez que le pauvre Fabien avait un accent normand très prononcé.) Et pour ce qui est de l'écharpe isabelle, qui diable empêcherait le Mazarin lui-même de la prendre s'il en avait envie?

— Oui, oui, à la Seine! répétèrent quelques voix.

— Mais enfin quel est le crime de ce pauvre diable? demanda le vieux bourgeois avec compassion.

— Ne voyez-vous pas ma figure? dit le boucher d'un ton irrité.

— Il m'a renversé sous les pieds de son cheval! s'écriait un autre.

— Il a pensé me faire écraser sous les roues du carrosse! ajoutait un troisième.

— Et d'ailleurs, reprit le boucher, n'est-il pas venu au secours de cette reine damnée à qui nous donnions tout à l'heure une petite leçon de politique? Il faut bien que nous fassions nous-mêmes nos remontrances à cette satanée Espagnole, puisqu'elle ne veut pas entendre celles de notre parlement... J'avais encore une vingtaine de bonnes choses à lui dire quand ce bravache est venu se mettre à la traverse. Allons, pas tant de verbiage... à l'eau le Mazarin, et vive le roi !

— Vive le roi ! répéta la foule ; sus au Mazarin !

On entraîna de nouveau le malheureux Fabien vers le parapet ; le vieux bourgeois n'osait plus intercéder en sa faveur.

— Attendez, *favete linguis*, s'écria d'une voix railleuse l'écolier en théologie qui s'était glissé jusque-là ; ne laissez pas partir ce gentilhomme sans qu'il ait promis de boire à la santé de son cher cardinal !

Cette cruelle plaisanterie excita de longs éclats de rire.

— Bien dit ! s'écria-t-on de toutes parts ; à la santé du cardinal !

Fabien ne jeta qu'un regard de froid mépris sur l'impitoyable étourdi ; mais celui-ci devait avoir un motif secret pour amuser le peuple pendant quelques instants, car il se retournait fréquemment vers un groupe de cavaliers arrêtés à l'angle de la place Dauphine, et il leur adressait des signes suppliants. Quand les émeutiers reprirent leur affreux projet, il les retint encore avec une gaîté forcée :

— Un moment donc, *homines, imprudentissimi*, s'écria-t-il du même ton, vous allez faire de jolie besogne?... Comment diable voulez-vous que ce cadet-là puisse boire à la santé du cardinal s'il n'a personne pour trinquer avec lui ? Il faudrait...

Mais cette fois il fut interrompu par le

farouche boucher qui soupçonnait peut-être ses bonnes intentions.

— Allons, paix, corbeau! dit-il de sa voix rauque, ou bien je vais t'envoyer boire de compagnie ; et vous, continua-t-il en s'adressant aux autres, finissons-en bien vite !

Un hourra universel fut poussé par la foule ; Fabien, enlevé pour la troisième fois, aperçut bientôt au-dessous de lui les flots jaunes et profonds qui allaient l'engloutir ; mais il pensait à Dieu, à son Elisabeth qu'il venait de sauver, et regardait l'abîme sans trembler. On le balançait au-dessus du précipice, déjà quelques mains robustes ne le retenaient plus ..

— Arrêtez, malheureux ! arrêtez ! s'écria tout à coup une voix sonore ; schelme

qui fera le moindre mal à ce gentilhomme!
je déclare ennemi du roi et de la Fronde
quiconque arrachera un seul cheveu de sa
tête!

— C'est le coadjuteur! s'écria l'écolier
d'une voix éclatante en s'élançant pour
retenir Fabien; place à M. le coadjuteur!

Ce nom produisait un effet magique; le
jeune Croissi fut brusquement remis sur
pieds; chacun des assistants cherchait à se
donner une contenance tranquille, comme
s'il n'eût pris aucune part à cette scène de
désordre. Puis la foule s'ouvrit respectueusement et livra passage au personnage important qui calmait ainsi les tempêtes populaires.

C'était un homme de trente-six ans au

plus, de moyenne taille, d'une figure noble quoique irrégulière. Il y avait en lui quelque chose du seigneur hardi, spirituel et dissolu de cette époque et du clerc pacifique, onctueux, insinuant. Son attitude était grave, tandis que ses yeux mobiles, pleins de feu, pétillaient de causticité. Son costume n'avait rien d'ecclésiastique, et il semblait mal à l'aise en équipage de cavalier. Ses jambes, un peu tortues, n'étaient pas faites pour affronter l'usage de l'habit court. Une large perruque, un chapeau dont le cordon était une fronde de soie, cachaient entièrement sa tonsure. Son habit de drap de soie violet, son haut-de-chausses de même étoffe sans broderies, ses bottes blanches à longs éperons étaient couverts de poussière, et il tenait un fouet à la main, comme s'il revenait de voyage. Tout témoignait qu'il ne s'était pas attendu à paraître en public; et il avait fallu sans doute une raison majeure pour le décider à trahir son incognito.

Ce personnage, comme nous l'avons dit, était Paul de Gondi, coadjuteur de l'archevêque de Paris, et si célèbre depuis sous le nom de cardinal de Retz.

Le peuple de son côté ne s'attendait pas à voir son tribun en pareil costume ; cependant on l'eut promptement reconnu sous cet accoutrement étranger, et mille voix s'écrièrent avec enthousiasme :

— Vive la Fronde ! vive le coadjuteur !

Le chef de parti sourit et s'avança lentement entre les deux murailles humaines que formaient les curieux à droite et à gauche. Bientôt il joignit Fabien qui restait adossé contre le parapet du pont, pâle et sans voix, quoique sa contenance n'eût rien de timide et d'humilié; il était seulement abasourdi par l'immensité du péril qu'il avait couru.

Le coadjuteur promena son œil d'aigle sur l'assistance, et dit en fronçant le sourcil :

— Tout beau, mes amis, j'arrive à temps pour vous empêcher de commettre une méchante action... Savez-vous que c'est offenser Dieu et le roi que de malmener ainsi ce pauvre gentilhomme ?

— Monseigneur, dit le féroce boucher, l'un des plus ardents persécuteurs de

Fabien, ce cadet-là nous a sanglés de grands coups de fouet parce que les Parisiens faisaient entendre leurs plaintes à cette orgueilleuse Espagnole, la reine Anne, et...

— D'abord, la reine n'était pas dans ce carrosse, dit le coadjuteur assez haut pour être entendu d'un grand nombre de personnes ; c'étaient de pauvres dames d'honneur qui venaient de faire leur dévotion aux Carmélites de la rue Vaugirard, et c'eût été la reine, Lehoux, que, tes amis et toi, vous eussiez dû la respecter comme votre souveraine maîtresse.

Un imperceptible murmure courut dans la foule.

— Votre Eminence n'a pas toujours dit

cela, grommela le boucher d'un air mécontent.

Le coadjuteur rougit légèrement, mais il reprit aussitôt avec fermeté :

—C'est assez... dispersez-vous, mes drôles, et laissez-moi ce honnête garçon que vous avez presque assommé. Sans doute vous me croyez assez de vos amis pour le confier à ma garde ! S'il est coupable de quelque chose, soyez sûrs que l'on en fera justice... Allons, adieu, adieu, mes enfants ; je reviens d'un petit voyage, entrepris pour le bien de l'État, et je suis épuisé de fatigue.

— Vive le coadjuteur, répéta la foule, qui se sépara sur-le-champ.

Néanmoins, quelques curieux plus obstinés se tenaient encore à distance pour voir comment cette scène allait finir ; Paul de Gondi les écarta d'un air de pétulance qui cadrait mal avec les formes graves qu'il affectait par moments, et il finit par menacer du manche de son fouet deux ou trois des plus importuns. Une petite troupe de gentilshommes à cheval qui l'accompagnait, et qui jusque-là s'était tenue à quelques pas de lui, vint achever ce qu'avait commencé son influence. Peu d'instants après, la masse compacte de peuple ameuté faisait place aux passants paisibles qui, en tout temps, affluent en cet endroit.

Cette tempête ainsi tranquillement appaisée, comme tant d'autres tempêtes plus terribles en apparence, le coadjuteur se tourna vers Fabien. Revenu de l'émotion bien naturelle que cet évènement lui avait causé, le pauvre jeune homme exprima chaleureusement ses remercîments à son libérateur. Le coadjuteur l'interrompit en lui mettant un doigt sur la bouche.

— Imprudent! murmura-t-il, pouviez-vous attendre autre chose de l'action la plus folle, la plus téméraire qui se puisse imaginer?.. Je le vois, ceux qui ont compté sur votre courage ne se sont pas trompés... je désire cependant qu'ils ne vous trouvent pas entièrement tel qu'ils le voudraient!

Fabien, dans son trouble, ne songea pas à soupçonner le sens mystérieux de ces paroles.

—Monsieur, reprit-il, vous venez de me

rendre un service immense ; je ne craindrais pas une mort honorable sur un champ de bataille, et je n'hésiterais pas à la braver pour le service d'un ami, mais je vous avouerai que le contact de cette infâme canaille m'a glacé les sens, et...

— Paix, jeune homme, paix, dit le coadjuteur en regardant autour de lui avec défiance ; cette canaille est respectable pour un gentilhomme quand elle est la plus forte, et si elle voulait s'apercevoir qu'elle l'est quelquefois... Mais, croyez-moi, mon cadet, ne restons pas ici plus longtemps : je n'aime pas à me prodiguer en public. Il a fallu que votre danger me parût bien pressant pour que j'aie consenti à me montrer en cet équipage... si contraire à mes goûts et à ma sainte profession, continua-t-il en souriant d'un air sournois. Je vais rentrer au Cloître-Notre-Dame... Mais vous, mon jeune ami, où dois-je vous faire accompagner, car je ne suppose pas que vous veuilliez affronter les mauvaises rencontres en retournant chez vous ?

— Je suis étranger, monsieur, répliqua le jeune Croissi embarrassé ; je viens aujourd'hui à Paris pour la première fois...

— Oui-dà, reprit le coadjuteur en attachant toujours sur lui un regard inquisiteur, et vous n'avez ni logis, ni recommandations, ni compagnon de voyage ? Voilà qui est singulier !

— Je n'étais pas seul au moment où ces enragés se sont jetés sur moi...

— Mais celui qui vous accompagnait

vous a lâchement abandonné, n'est-ce pas?

—Je n'ose le penser, monsieur, répliqua Fabien, à qui ce soupçon ne semblait que trop fondé.

— Et cette conduite, reprit son interlocuteur lentement et en pesant ses mots, est d'autant plus lâche que c'est celle d'un frère, n'est-ce pas, monsieur Fabien de Croissi?

Le jeune gentilhomme tressaillit et ne put retenir un mouvement de surprise en se voyant si bien connu d'un personnage éminent qu'il rencontrait pour la première fois. Paul de Gondi sourit de son embarras, et reprit avec volubilité :

— Ecoutez, mon cadet, ne vous tourmentez pas l'esprit à deviner des énigmes que vous ne pouvez comprendre encore, je suppose. Votre frère a certainement de bonnes raisons pour ne pas se montrer en ce moment, comme il en avait pour ne pas prendre sa part du danger que vous avez bravé si témérairement... Du reste, ne vous inquiétez pas à son sujet; il n'est pas loin d'ici, et sitôt que j'aurai tourné les talons, il reviendra près de vous. Je vous conseille, dans votre propre intérêt, de ne pas lui parler de notre conversation ; mais si vous croyez me devoir un peu de reconnaissance, n'oubliez pas l'avis secret qui vous a été donné par le maître de poste.

— Un avis secret ! dit Fabien avec étonnement.

Le coadjuteur posa de nouveau le doigt sur sa bouche avec mystère.

— Allons, adieu, mon enfant, reprit-il à voix haute et avec bonté, n'oubliez pas de remercier Dieu de votre délivrance, et tâchez de mériter ses grâces... Nous nous reverrons peut-être bientôt.

En achevant ces mots, il se retourna pour joindre le groupe de cavaliers qui l'attendaient à l'entrée de la place Dauphine. Il s'aperçut alors que plusieurs curieux s'étaient ralliés à quelque distance, pendant cette conversation.

— Eh bien, coquins, dit-il avec l'accent de la colère en s'avançant vers eux le bras levé, qui vous retient ici? Qu'attendez-vous?

— Votre bénédiction, monseigneur,

répondit en s'inclinant d'un air malin et caffard l'écolier que nous connaissons déjà.

Le coadjuteur toucha légèrement de son fouet l'épaule du mauvais plaisant et lui dit avec familiarité :

— Comment t'appelles-tu ? Je t'ai déjà vu quelque part, je crois.

— Je me nomme Eustache Vireton, monseigneur, répondit l'écolier avec assurance ; à la Sorbonne, où ma pauvreté ne m'a pas permis de continuer mes cours de théologie, on m'avait surnommé *Loquax*, pour des raisons que je ne me soucie pas de dire... J'ai déjà rendu quelques petits services au parti de votre Eminence.

— Eh bien ! maître **Loquax**, reprit le coadjuteur d'un air jovial en lui désignant

Fabien, veille un peu à ce que ce jeune garçon rejoigne promptement ses amis... Tu comprends ? Viens me voir demain au Cloître ; j'aime les gaillards de ton humeur, surtout quand ils ont le cœur aussi hardi que la langue...

En prononçant ce compliment équivoque, Paul de Gondi salua les assistants, sauta sur son cheval et partit avec son cortège de gentilshommes, de pages et de laquais, au milieu des vivats.

Tout fier de l'ordre qui lui avait été donné et dont il sentait parfaitement la portée, l'écolier Eustache Vireton, ou Loquax, comme on voudra, s'avança vers Fabien pour lui offrir ses services ; mais ils furent inutiles, car à peine le coadjuteur eut-il disparu du côté de la place Dauphine, que le baron de Croissi, suivi du postillon qui conduisait par la bride le cheval de Fabien, tourna l'angle du quai des Orfèvres. Arrivé près de son frère, il mit pied à terre en silence, aida Fabien, encore meurtri de sa lutte récente, à remonter en selle ; puis ils s'éloignèrent sans prononcer une parole et sans écouter l'écolier qui voulait, bon gré mal gré, servir de guide au protégé du chef des Frondeurs.

Eustache Vireton, fort opiniâtre de sa nature, les suivit de loin, ce qui n'était pas difficile, vu la fatigue des chevaux dont l'un, celui de Fabien, semblait à chaque pas près de s'abattre une seconde fois.

Les deux frères, au lieu de se diriger vers le faubourg Saint-Germain, descendirent le quai des Orfèvres et s'engagèrent dans les rues sombres du quartier Saint-Jacques. Ils se taisaient toujours, le baron, par un sentiment d'inquiétude et de colère, Fabien, peut-être par honte de s'être mis imprudemment dans une position cruelle et ridicule à la fois, contre l'avis de son aîné. Le postillon les suivait en maugréant, car ces incidents romanesques pouvaient faire perdre à son maître de poste trois de ses meilleurs bidets, et l'avaient exposé lui-même à quelques horions dans la bagarre du Pont-Neuf.

Cependant, lorsqu'on atteignit une rue détournée et déserte de ce vieux quartier, le baron se rapprocha de Fabien :

— Monsieur, dit-il d'un ton sec et sévère, grâce à votre imprudence, vous ne pouvez habiter d'ici à quelque temps l'hôtel de Croissi... Si vous étiez reconnu pour l'auteur du tumulte qui vient d'avoir lieu, la justice pourrait vous demander des comptes sévères, ou tout au moins vous deviendriez la fable de la ville; il faut vous cacher pour votre sûreté... Vous avez enfreint mes ordres avec une inconcevable folie, vous en porterez la peine.

— J'ai du moins supporté seul les conséquences de cette folie, dit le jeune Croissi avec un peu d'amertume; fallait-il donc, monsieur, laisser insulter, peut-être égorger, sous mes yeux, une noble demoiselle que je fais état d'aimer plus que ma vie?

— Soit, reprit le baron d'un ton plus doux; vous ne pouvez encore comprendre vos torts, ainsi que les motifs qui m'ont empêché de vous secourir en cette circonstance ; mais vous me connaissez assez, Fabien, pour être sûr que la lâcheté n'entre pour rien dans ma conduite... Enfant imprudent que vous êtes! votre témérité a mis en péril l'important projet pour lequel j'avais besoin de vos services, et qui devait assurer votre fortune et la mienne!

En même temps il poussa un profond soupir. Cette douceur et cette indulgence touchèrent Fabien.

—Monsieur le baron, dit-il timidement, n'y a-t-il aucun moyen de réparer mes torts?

—Nous essaierons encore, reprit Albert tout pensif, et, pour commencer, voici ce que j'ai décidé : vous allez loger dans une auberge où vous passerez pour un fils de famille qui vient à Paris rétablir sa santé... Je me charge d'arranger une fable ; vous, seulement, ne me démentez pas...Vous ne sortirez pas de votre chambre pendant quelques jours, et si vous êtes docile, si vous prenez les précautions que j'exige de vous, tout n'est peut-être pas perdu.

— Je me soumets, monsieur, dit Fabien, et mon obéissance vous prouvera combien je suis fâché d'avoir encouru votre disgrâce !

— C'est bien, dit le baron avec un sourire de satisfaction ; je vois avec plaisir, mon frère, que vous êtes aussi prompt à reconnaître vos fautes qu'à les commettre ; mais, continua-t-il d'un air d'indifférence, je voudrais vous adresser encore une question ; le coadjuteur, ce gentilhomme qui vous a sauvé et vous a fait subir une espèce d'interrogatoire, sait-il votre nom ?

— Je ne le lui ai pas dit, répondit en rougissant le jeune Croissi, qui se souvenait des recommandations pressantes de son libérateur; il n'a rien appris de ma bouche, ni sur vous ni sur moi.

— Alors tout va mieux que je ne l'espérais, murmura le baron avec joie ; continuez d'avoir confiance en votre frère, Fabien, et vous ne vous en repentirez pas!

En ce moment ils étaient arrivés devant une maison vieille et enfumée de la rue de la Huchette. On n'avait pas encore, à cette époque, l'habitude de déguiser sous des noms pompeux des choses communes; cette maison, qu'on appellerait aujourd'hui *hôtel garni*, ne prenait alors que le titre modeste d'auberge. Une grande enseigne, placée au-dessus de la porte, était ornée de trois oiseaux blancs d'une peinture miraculeuse; et pour que le passant ne se trompât pas sur l'espèce des volatiles exposés à ses regards, on avait écrit au-dessous : *Aux trois Pigeons, bon logis;* rien n'était plus primitif.

L'arrivée de la petite cavalcade produisit une grande sensation dans ce quartier plébéien ; mais les voyageurs s'empressèrent de mettre pied à terre, et ils congédièrent le postillon avec une large rémunération pour le consoler de ses mésaventures; puis les deux frères pénétrèrent dans l'auberge.

Au bout d'un quart d'heure le baron

sortit seul, laissant Fabien aux soins de l'hôtelier avec lequel il s'était longuement entretenu dans la salle basse de l'auberge.

VII

Une Visite.

Le lendemain matin, à l'heure où la plupart des habitants de Paris se livraient encore au sommeil, Fabien de Croissi, fidèle à ses habitudes de la campagne, était assis dans une chambre de l'auberge et écrivait à mademoiselle de Montglat.

La nuit avait été agitée; il se reprochait amèrement de n'avoir pas prié son frère de s'informer du sort de la dame d'honneur; aussi dès que le jour avait paru, ne pouvant surmonter ses inquiétudes, s'était-il mis à écrire à son amie d'enfance, sans savoir comment il lui ferait parvenir sa lettre.

La chambre qu'il occupait était petite et mesquine, éclairée par une seule fenêtre qui donnait sur la cour de l'hôtellerie. Un vieux lit à baldaquin, une armoire et quelques chaises dépaillées la meublaient sans l'orner, conjointement avec la table boiteuse sur laquelle il s'appuyait et le morceau de glace qui servait de miroir au-dessus de la cheminée. Mais Fabien ne paraissait guère s'inquiéter de l'aspect misérable de ce logis où l'avaient relégué les défiances de son frère. Le bruit de la rue, fatigant et nouveau pour ses oreilles provinciales, était lui-même impuissant à distraire son attention.

Il allait fermer sa lettre, quand tout à coup un vacarme assourdissant s'éleva dans la partie inférieure de la maison. On eût dit d'une violente querelle entre deux hommes irrités, dont ni l'un ni l'autre ne voulait céder. Comme le bruit continuait en augmentant, Fabien, par une sorte de curiosité machinale, écouta les paroles qui s'échangeaient avec fureur au bas de l'escalier.

— Oui, je monterai malgré vous, vieil ignorantas, disait une voix aigre et criarde que Croissi se souvenait d'avoir entendu déjà, sans pouvoir dire précisément en quelle circonstance ; ce jeune gentilhomme est mon ami, il m'a été recommandé par des personnes qui valent mieux que vous et que moi, et d'ailleurs, hier à son arrivée, j'ai pu lui rendre un service dont il se souviendra longtemps !

— A d'autres, répondait une voix enrouée ; espérez-vous me faire croire que cet étranger, qui ne connaît personne à Paris, est l'ami d'un pauvre petit savantas tel que vous ? Il ne veut voir personne, et il a expressément défendu de le déranger... Ainsi donc, décampez bien vite, ou je vais appeler mes valets et nous vous frotterons d'importance !

— Je te frotterai moi-même, *ô hominum impudentissime,* s'écria l'inconnu d'un ton menaçant, *vade retro, satanas,* ou tu vas apprendre comment je cogne les insolents.

Ce jargon amphigourique, moitié français, moitié latin, rappela bientôt au souvenir de Fabien l'écolier facétieux qu'il avait rencontré la veille dans un fâcheux moment. Surpris de l'insistance que mettait Eustache Vireton à pénétrer jusqu'à lui, il voulut sortir afin de connaître la cause de cette visite matinale ; alors seulement il s'aperçut qu'il était enfermé.

La pensée que son frère avait donné l'ordre de le retenir prisonnier fit affluer au visage de Fabien tout le sang de ses veines. Malgré son caractère calme et réfléchi, nous savons déjà que, dans l'occasion, il ne manquait ni de vivacité ni d'énergie. A son tour il mêla sa voix aux voix discordantes qui retentissaient toujours au bas de l'escalier, et il ordonna rudement à l'hôte de venir ouvrir.

Cette diversion imposa silence aux disputeurs. Quand il eut pu comprendre de quelle nature étaient les réclamations de Croissi, le théologien reprit sur un ton plus haut et plus insolent:

— Eh bien! méchant gargotier de la cour des Miracles, n'entends-tu pas que ce gentilhomme désire me voir? Prétendrais-tu le priver de sa liberté? *Proh! Deos immortales!* si je le croyais...

— Ouvrez! ouvrez donc! s'écriait Fabien en frappant la porte avec violence.

Ainsi pressé, l'aubergiste finit par monter l'escalier en grommelant. Le premier mouvement de Fabien, dès qu'il fut libre, fut de courir à lui pour l'accabler de véhéments reproches ; mais au lieu de se trouver en face de l'hôte, il tomba dans les bras de l'écolier, qui dit avec de grandes démonstrations de politesse :

— *Quomodo vales, illustrissime domine?* Monsieur, je suis bien votre serviteur... Tu vois, continua-t-il en s'adressant à l'aubergiste, de quelle manière on me reçoit ? Que ceci soit une leçon pour les rustres de ton espèce, quand il s'agit de gens de science et de qualité comme ce seigneur et comme moi !

Fabien, stupéfait de cette familiarité, se dégagea des bras de l'écolier et le regarda froidement. Eustache Vireton, sans s'embarrasser de cet examen, prenait des airs de cour et se drapait fièrement dans ses guenilles noires, tout en assourdissant son soi disant ami de ses offres de service. Croissi l'interrompit au milieu de ce fatras inintelligible.

— Je ne sais trop, monsieur, fit-il sèchement, ce qui me vaut l'honneur de votre visite; mais avant tout je veux dire à cet homme (et il se tourna vers le maître d'hôtel) que je n'entends pas être retenu contre mon gré; j'exige donc qu'il me remette la clef de cette chambre.

— Mais, monsieur, dit l'aubergiste avec hésitation, il est d'usage...

— Rends cette clef, drôle! s'écria l'écolier.

— Laissez-moi le soin de mes propres affaires, répliqua Fabien d'un ton mécontent en s'adressant à son officieux assesseur ; et vous, monsieur l'hôte, si vous ne me remettez cette clef, je quitterai votre maison à l'instant.

— Monsieur, dit l'aubergiste d'un air perplexe, le parent qui vous accompagnait hier m'a donné l'ordre.....

— Mon parent a droit à mes égards et à mon respect, reprit Fabien, mais non pas à ma complète obéissance. Voyez ce que vous avez à faire ; ou bien je sortirai de cette maison, ou bien...

— En ce cas, et puisque vous y tenez tant, dit l'aubergiste en lui présentant la clef, la voici ; vous vous arrangerez avec l'autre... je m'en lave les mains.

Et il sortit en grondant.

Resté seul avec le jeune de Croissi, Eustache prit un siége et se plaça gravement en face de Fabien, qu'il accablait de compliments. Le provincial ne revenait pas de l'aplomb imperturbable de sa nouvelle connaissance ; mais il avait pris le parti d'en rire en attendant que l'écolier voulût bien expliquer le motif de sa visite. Comme Eustache ne se pressait pas d'en venir au fait, et s'embrouillait de plus en plus dans d'interminables politesses, avec force citations latines :

— De grâce, monsieur, reprit Fabien froidement, faites trêve à ces honnêtetés dont je suis indigne, et dites-moi bien vite en quoi je puis vous être agréable. Notre connaissance est de si courte date, elle a commencé dans des circonstances si pénibles, que je pourrais ne pas tenir beaucoup à la cultiver... D'ailleurs, je ne sais vraiment pas si votre conduite, dans mon aventure récente, est de nature à vous mériter mes remercîments.

Cette allusion aux plaisanteries que l'écolier s'était permises pendant que Fabien se voyait en proie à la fureur populaire, ne déconcerta nullement Eustache Vireton.

— O ingratitude humaine! s'écria-t-il d'un ton tragi-comique, *ô tempora! ô mores!* serait-il possible qu'un homme de sens se laissât prendre aux apparences, comme le profane vulgaire? Vous n'avez donc pas remarqué, continua-t-il avec un accent différent, le but de ces plaisanteries? Je voulais arrêter un moment vos persécuteurs et donner au coadjuteur, que je voyais de loin confondu dans la foule, le temps de venir à votre secours.

— S'il en est ainsi, monsieur, dit Fabien, recevez mes remercîments pour la part que vous avez prise à ma délivrance. Mais encore une fois, ce n'est pas, je pense, au désir de faire valoir le service dont vous parlez, que je dois l'honneur de votre visite?

— Allons donc! ne parlons pas de cette bagatelle! Non, non, monsieur, je ne veux pas de remercîments; mon intention en venant ici était seulement de m'assurer que vous ne vous trouviez pas mal des suites de l'aventure d'hier, et de vous offrir mon amitié en échange de la vôtre.

Fabien, dans sa naïveté campagnarde, n'entendait rien encore à cette phraséolologie de politesse alors de mode à Paris ; il reçut assez mal les avances du malencontreux visiteur.

— Je me porte fort bien, dit-il brusquement ; et quant à mon amitié, elle serait si peu profitable à qui que ce soit, qu'il n'y aurait pas grand avantage à la rechercher.

Il se leva pour congédier l'importun ; Eustache ne parut pas s'en apercevoir, et reprit avec un grand flegme :

— Vous êtes trop modeste, monsieur ; mais si vous ne voulez pas m'offrir vos bons offices, les miens pourront vous être utiles, *boni quoniam convenimus ambo ;* ainsi donc disposez de moi, de mon crédit à la cour et ailleurs...

— Mais, monsieur, s'écria Fabien impatienté, je vous répète que je n'ai besoin des bons offices de personne.

— Chansons ! répliqua le fâcheux, *novi locum*, mon beau cavalier. Écoutez-moi : vous ne pouvez sortir dans Paris, de peur que l'on ne vous reconnaisse pour l'auteur du tumulte d'hier; voilà pourquoi votre ami, votre compagnon, votre parent, ou enfin quelle que soit sa qualité, le gentilhomme qui vous a conduit dans cette auberge voulait vous tenir sous clef; or, quand on est amoureux comme vous, quand on ne peut soi-même vaquer à ses affaires, on a besoin d'un ami discret et fidèle...

— Amoureux ! dit Fabien avec embarras. Comment savez-vous...

— Allons, ne le niez pas... N'ai-je pas vu la jolie personne qui s'est mise à la portière du carrosse et qui vous a fait signe de lui porter secours?

Eustache s'exprimait avec un mélange de malice et de naturel qui laissaient douter s'il avait quelque motif secret d'imposer ainsi sa présence au jeune Croissi, ou s'il n'était réellement qu'un fâcheux original. Fabien ne savait que penser et hésitait à répondre, quand le théologien, se mettant à l'aise et chiffonnant son rabat, reprit avec assurance :

— Oui, monsieur, vous êtes amoureux, je le sais, et d'une grande dame encore... vous ne pouvez donc vous passer d'un confident, et ce sera moi, s'il vous plaît. Ah! il vous faut des grandes dames! Si j'en juge par votre équipage et votre logement, mon cher Pylade, cette passion nous donnera beaucoup de peine à mener à bien ; mais enfin, *diis nonobstantibus,* nous réussirons, je vous le promets.

La colère de Fabien était tombée ; il dit à son nouveau protecteur :

— Vous, monsieur, qui faites de si bizarres suppositions à mon endroit, savez-vous que je pourrais en faire d'étranges au vôtre ?

— Vous n'approcheriez pas de la vérité, répliqua l'écolier avec volubilité ; aussi je vais vous donner l'exemple de la franchise : Je m'appelle Eustache Vireton, surnommé *Loquax,* écolier en théologie à la Sorbonne, et je vis de mes rentes, quand je ne peux vivre autrement.

— Cela veut dire que vous vivez quelquefois fort mal ?

— Que voulez-vous? reprit le sorbonnien avec sang-froid, nous sommes parfois, nous autres écoliers, aussi gueux qu'un cadet de Normandie qui reste au croc de son aîné, s'il ne juge pas à propos de se faire soldat, moine ou voleur.

Fabien fut sur le point de s'offenser de ce sarcasme ; mais, réfléchissant que l'écolier en ignorait probablement la portée, il reprit avec simplicité :

— Enfin, maître Eustache Vireton, dois-je conclure de tout ceci que vous accepteriez volontiers quelques écus ?

— Pourquoi non, monsieur ? dit l'écolier avec moins d'effronterie ; pourvu que vous me donniez occasion de les gagner, ajouta-t-il aussitôt. Je suis comme ces lords venus à Paris avec la pauvre reine d'Angleterre ; ils meurent de faim, mais ils ne veulent rien prendre sans donner.

Fabien cherchait quelque argent pour ce mendiant de nouvelle espèce ; la lettre restée sur la table frappa ses yeux et lui fit naître une idée subite.

— Eh bien, Vireton, demanda-t-il avec hésitation, sauriez-vous remplir une mission qui demande un peu de zèle et peut-être de l'adresse ?

— J'aurai l'un et l'autre pour vous servir, répondit Eustache avec empressement.

— Monsieur, reprit Croissi, je ne peux concevoir quel intérêt vous auriez à trahir ma confiance; cependant je ne sais quoi de vous m'étonne et m'empêche de me livrer sans réserve.

— Je vous parais peut-être singulier, dit l'écolier avec un accent mélancolique et en baissant la voix ; vous êtes étranger à Paris, monsieur, et vous ignorez encore quelles formes infinies peut prendre ici la pauvreté ?... Eh bien ! oui, s'il faut l'avouer, j'ai pensé que votre aventure d'hier me fournirait l'occasion de tirer quelques écus de vous et d'une autre personne qui ne se pique pas d'être très économe... Cependant vous pourrez entendre dire dans le quartier de la Sorbonne que le pauvre Eustache Vireton a dormi plus d'une fois sous les piliers des halles faute de gîte, ou mangé la soupe des mendiants à la porte des couvents, faute d'autre nourriture, mais personne n'osera l'accuser d'avoir jamais commis une mauvaise action.

Ce langage différait tant de celui que l'écolier avait tenu jusque là ; il y avait si loin de ces airs de courtisan et de fat qu'il avait pris d'abord, avec cette humilité triste et résignée, que Fabien fut ému jusqu'aux larmes.

— Je vous crois, maître Vireton, reprit-il avec confiance; si donc vous voulez gagner loyalement une récompense convenable, voici ce que j'attends de vous : ce papier est pour une dame attachée à la personne de la reine; il s'agirait de pénétrer au Palais-Royal, de remettre la lettre à son adresse et de me rapporter la réponse... Croyez-vous pouvoir réussir dans cette mission ?

— J'en suis sûr, dit Eustache Vireton, qui passait d'un sentiment à l'autre, comme le caméléon change de couleur, et qui reprenait déjà son ton fanfaron ; ne vous ai-je pas dit que j'avais des amis à la cour et que vous pouviez disposer de mon crédit ?

— Vous, des amis à la cour ?

— Un de mes parents, mon propre cousin-germain, occupe un poste important dans la maison de la reine, et j'entre au palais lorsqu'il me plaît.

— Mais alors, reprit Fabien d'un air de doute, comment ce parent vous laisse-t-il dans une position fâcheuse ?

— *Quid dicam? quo convertar?* Ce cher cousin Boniface a lui-même bien des peines ! Depuis deux ans il attend de l'avancement qu'on ne lui accorde pas... Le départ du cardinal lui a fait le plus grand tort ; sans cet événement, il serait peut-être déjà marmiton en chef dans les cuisines de la reine, car, il faut l'avouer, il est un peu Mazarin !

— Quoi ! s'écria Fabien alarmé, votre parent serait...

— Troisième sous-aide marmiton, répliqua l'écolier d'un air d'orgueil, et par son secours votre lettre sera remise sur-le-champ à son adresse..... Vous verrez, monsieur, comment nous servons nos amis !

Fabien balança ; l'emploi de cet intermédiaire infime entre lui et la belle demoiselle de Monglat excitait sa répugnance ; mais il n'avait pas le choix des moyens. Force lui fut donc d'accepter celui que proposait l'écolier. Il remit la lettre à Vireton, qui lut l'adresse en grommelant :

— La demoiselle de Monglat! dame d'honneur de la reine? la dame d'hier, sans doute... Diable! cachons bien ce poulet! si l'on le voyait entre mes mains, on me traiterait de Mazarin et on me pourchasserait d'importance... Eh bien! mon gentilhomme, ajouta-t-il en prenant son bonnet carré et en se disposant à sortir, je vous demande deux heures pour vous apporter la réponse de la dame, je pénétrerai jusqu'à votre mie, dussé-je entrer au palais par un tuyau de cheminée.

— Pas d'imprudence! s'écria Fabien; je sais, mon cher, comment vous vous introduisez dans les maisons où vous n'êtes pas attendu ; mais, par le Christ ! il ne serait pas sage de compromettre le nom de la personne à qui la lettre est destinée ! Je jure bien que s'il vous arrive de commettre sciemment la moindre balourdise...

— Allons ! allons ! calmez-vous, mon gentilhomme, dit Eustache d'un ton plus froid ; *experto crede,* rapportez-vous-en à mon expérience. J'ai l'habitude d'entrer au palais et d'en sortir ; tous les officiers de bouche me connaissent... D'ailleurs, ajouta-t-il avec malice, ma tête n'est peut-être pas aussi fêlée qu'elle en a l'air ; vous verrez que tout ira bien.

Fabien lui donna quelques pièces de monnaie, lui répéta ses recommandations, et l'écolier descendit les escaliers quatre à quatre, avec un bruit à faire croire que la maison allait crouler.

Il avait fallu à Fabien toute sa candeur provinciale, toute sa probité juvénile, tout l'aveuglement d'un amour ardent pour le décider à remettre ses secrets en de pareilles mains. A peine donc Eustache Vireton avait-il eu le temps de franchir le seuil de la maison, que le jeune Croissi se repentit de sa confiance et voulut courir après lui ; mais il se souvint qu'il avait promis à son frère de ne pas se montrer en public. D'ailleurs, il lui semblait impossible de faire un pas dans Paris sans guide. Obligé d'attendre avec résignation le retour de l'écolier, il se mit à se promener tristement dans sa chambre.

Deux heures s'écoulèrent ainsi. L'aubergiste lui monta son déjeuner. Fabien voulut faire des questions sur Eustache Vireton, mais le maître-d'hôtel ne le connaissait pas et se contenta de dire d'un air de rancune que l'écolier était un mauvais chenapan. Cette assertion ne rassurait nullement Fabien ; le temps qu'il supposait suffisant pour remplir la mission dont il avait chargé maître Vireton, lui semblait écoulé de beaucoup. Il se demandait déjà si son messager ne s'était pas enivré en route, s'il n'avait pas abusé du message d'une manière quelconque, ou s'il n'avait pas fait au palais quelque sottise qui avait attiré sur lui une correction sévère. Ces suppositions et d'autres encore le tourmentaient cruellement, quand des pas rapides retentirent dans l'escalier. Fabien courut à la porte et reconnut son frère.

Le baron portait un costume d'une simplicité extrême ; son habit était tout uni et il n'avait ni écharpe ni panache. En revanche, une grande joie se montrait sur son visage maigre et sanguin. Il ne remarqua pas la préoccupation de Fabien, et dit à l'aubergiste, qui s'inclinait jusqu'à terre :

— A-t-on exécuté mes ordres? N'a-t-on vu personne?

— Non, monsieur, dit l'aubergiste avec embarras, mais...

— C'est bon, laissez-nous, interrompit brusquement le baron sans l'écouter.

L'hôte, qui craignait une verte réprimande pour avoir contrevenu à certaines recommandations secrètes du baron, s'empressa d'obéir et sortit.

Dès qu'il fut seul avec son frère, Albert se jeta sur une chaise et dit avec vivacité, sans même songer à s'informer de la santé de Fabien après tant de fatigues :

— Tout marche à souhait ; votre aventure d'hier cause grand bruit dans Paris, mais personne ne sait le nom du héros ; mes amis et moi nous pensons que nous pouvons agir de suite.

Fabien attendit en silence que son aîné voulût bien s'expliquer.

— Vous ne me comprenez pas encore, reprit le baron avec solennité, mais le moment est venu, Fabien, où je ne dois plus avoir de secrets pour vous... Vous allez tout savoir.

En même temps il alla fermer la porte avec les plus grandes précautions, puis il se rassit, et parla si bas que de l'autre extrémité de la chambre, on n'eût pu saisir une seule de ses paroles.

VIII

La Reine.

Le même jour, à peu près au moment où Fabien de Croissi recevait la visite d'Eustache Vireton, les courtisans se pressaient dans la grande galerie du Palais-Royal, en attendant le lever de la reine-régente, Anne d'Autriche. La cour, à cette époque de troubles, ne présentait pas l'aspect brillant qu'elle prit plus tard sous le fastueux Louis XIV. Les grands seigneurs avaient suivi, pour la plupart, les différents partis qui dressaient leurs drapeaux dans la capitale. Les uns attendaient à cette heure au Luxembourg le lever de Monsieur, duc d'Orléans ; les autres accompagnaient au parlement le prince de Condé ou le coadjuteur ; d'autres enfin s'étaient confinés dans leurs terres ou dans leurs gouvernements pour rester neutres. On ne voyait plus autour du trône que des intrigants vulgaires, créatures du cardinal Mazarin, quelques vieux serviteurs de la monarchie qui suivaient le parti de la reine par habitude autant que par dévoûment, et surtout bon nombre de ces parvenus qui, pour conserver le pouvoir, n'hésitent jamais à mettre l'État en péril.

Parmi ces derniers on remarquait les sous-ministres Servien, Lionne, Le Tellier, le vieux Châteauneuf, garde des sceaux, à côté des maréchaux Du Plessis, de Grammont, d'Hocquincourt. Plusieurs jésuites en robes noires, au regard sournois, au sourire faux, aux manières hypocrites, allaient et venaient de groupe en groupe, colportant les nouvelles du jour et prêtant l'oreille aux observations qu'elles faisaient naître parmi les courtisans ; c'étaient les Fouquet, les Brachet, les Bertet, les Silhon. Ils servaient d'intermédiaires à la reine et au cardinal et ils passaient une partie de leur vie sur la route de Breuil à Paris. On voyait aussi là certains personnages ridicules, tels que Longo Ond edei, depuis évêque de Fréjus, âme damnée de Mazarin. Affublé de plumes et d'oripeaux, il se promenait dans la salle avec les airs les plus impertinents du monde. Quant aux illustrations parlementaires et militaires dont s'occupait la renommée, elles n'avaient garde de se présenter chez la reine. Le grand Condé avait un parti sur le pavé de Paris, Turenne restait enfermé dans son hôtel, et le président Molé fulminait des remontrances contre le rappel du Mazarin, tout en protestant de son respect pour la régente et le roi.

Quelques femmes égayaient cependant l'aspect un peu morne de cette cour où les factions avaient fait tant de ravages. Parmi celles qui venaient encore rendre leurs devoirs à la souveraine, on remarquait mesdames de Carignan, de Niel, de Beauvais, simples commères de cour, sans importance ; la duchesse de Chevreuse, grande femme altière et méchante, dont l'extérieur annonçait une coquette surannée, et sa fille, jolie personne vive, pétulante, qui passait alors pour être en grand crédit auprès du coadjuteur. Non loin de la grande porte dorée des appartements royaux, se tenaient les filles d'honneur, attendant que leur service les appelât dans la chambre de leur maîtresse. Des officiers aux gardes, en brillants uniformes, de jeunes abbés exhalant le musc et l'ambre coquetaient à l'entour et les pages riaient en les regardant de certaines anecdotes qui couraient sur quelques-unes d'elles.

Il y avait ce matin-là pour amuser

l'oisiveté des courtisans autre chose que
les sonnets de Benserade ou de Voiture,
les nouvelles arrivées récemment de
Breuil et les réflexions ordinaires sur
ce qui se passait au parlement ; on parlait
de l'émeute causée la veille par un carrosse de la reine sur le Pont-Neuf, et l'é-
vènement était raconté de mille manières
contradictoires. Il semblait pourtant facile
de remonter à la vérité ; au milieu d'un
groupe de causeurs se trouvait le vieux seigneur que nous avons vu la veille dans le
carrosse, prêt à se jeter sur le peuple,
l'épée nue, et qui n'était autre que le maréchal d'Hocquincourt. Mais soit que la
colère l'eût aveuglé, soit que les cris et
les gestes menaçants des révoltés l'eussent
assez ému pour l'empêcher de bien obser-

ver, la version du bon maréchal était confuse et incroyable. Aussi la plupart de ses auditeurs la contestaient-ils chaleureusement et ils substituaient leurs propres narrations à celle du témoin oculaire. Les uns accusaient le duc d'Orléans, les autres M. le prince, d'autres enfin le coadjuteur lui-même d'avoir ameuté la populace ; chacun appuyait son opinion de raisons qui ne faisaient qu'obscurcir l'évènement.

Une des filles d'honneur, assises à l'extrémité de la galerie, pouvait peut-être mieux que le maréchal donner des détails exacts sur l'émeute du Pont-Neuf : c'était mademoiselle de Montglat. Elle était vêtue avec tout l'éclat qu'exigeait la nature de ses fonctions auprès de la reine ; mais ses traits pâles et fatigués contrastaient avec cette riche toilette. Ses yeux paraissaient rouges de larmes versées pendant la nuit, dont elle n'avait pu entièrement effacer la trace. Vainement les curieux étaient venus l'interroger sur l'aventure qui défrayait la conversation générale ; elle n'avait répondu que par monosyllabes et d'un ton de légère impatience. On eut dit qu'une répugnance secrète l'empêchait de livrer aux interprétations malignes des courtisans le récit d'un fait qui la touchait de si près.

La duchesse de Chevreuse, sa protectrice, croyant sans doute être plus heureuse, s'avança vers elle d'un pas lent et majestueux ; elle lui dit quelques mots bas d'un air de confiance. La jeune fille, en la voyant près d'elle, ne put retenir un geste d'effroi et répondit d'une voix étouffée :

— Ne m'interrogez pas, madame ; je n'ai déjà que trop répondu à vos questions. C'est vous qui m'avez perdue !

La fière grande dame haussa les épaules et enveloppa la fille d'honneur d'un regard dédaigneux.

— Ingrate ! murmura-t-elle ; mais faites la discrète tant que vous voudrez... il est bien temps !... Je saurai la vérité.

Puis elle tourna le dos à Elisabeth et regagna sa place.

On s'était donc lassé de tourmenter la pauvre enfant ; on se contentait de la désigner du doigt en chuchottant, quand la porte des appartements royaux s'ouvrit ; un joli petit page, de douze à treize ans, à l'air narquois et éveillé, entra dans la grande salle. Les assistants se précipitèrent de son côté pensant bien qu'il était porteur de quelque message dont ils voulaient les premiers pénétrer le secret; mais le page les écarta sans façon, s'avança vers Elisabeth et lui fit un profond salut en affectant les formes cérémonieuses des courtisans consommés.

Élisabeth sortit de sa rêverie, et s'efforça de sourire au petit espiègle qui la regardait avec des yeux langoureux :

— Eh bien, qu'y a-t-il, monsieur de Bussi ? Avez-vous des ordres à me transmettre ?

— Ah ! cruelle, inhumaine Monglat, dit le précoce enfant en poussant un gros soupir, jamais un mot de pitié pour mon douloureux martyre... Il est vrai, continua-t-il d'un ton cavalier, que je vous ai promis un sonnet sur vos beaux yeux, et que ce drôle de M. de Voiture, à qui je l'ai commandé, ne l'a pas encore composé ; je le ferai bâtonner par mes laquais, foi de gentilhomme !

Elisabeth restait toute confuse, car les galanteries de son adorateur en miniature excitaient les moqueries des courtisans.

— N'aviez-vous donc pas autre chose à me dire ? demanda-t-elle avec embarras ; je croyais...

— Il est vrai, reprit le page, qui sembla se souvenir enfin de sa mission, vos beaux yeux m'avaient ébloui, belle Montglat ; je suis chargé de vous annoncer que la reine veut vous voir sur-le-champ.

— Étourdi! fit Élisabeth en se levant avec vivacité.

Et elle se dirigea vers la porte des grands appartements.

La fille d'honneur, précédée par l'agile petit page qui transmettait aux huissiers et aux chambellans l'ordre de laisser passer, éprouvait une agitation singulière qui devenait plus visible à mesure qu'on approchait de la reine. Au moment où Bussi allait l'introduire dans la chambre royale, elle était si pâle que l'enfant effrayé crut devoir la questionner sur la cause de son émotion ; elle le remercia par un sourire mélancolique et lui dit de remplir son devoir. Le page fit une petite moue, poussa le bouton de la porte, et Élisabeth se trouva devant Anne d'Autriche.

La reine était seule dans une vaste chambre aux lambris dorés et couverts de sculptures, suivant le goût de l'époque. Un de ces grands lits à ciel dont le lit de Louis XIV, que l'on conserve à Versailles, donne une idée exacte, était protégé par une balustrade qui séparait la chambre en deux parties. Un demi-jour se glissait avec peine entre les lourds rideaux de brocart qui couvraient les fenêtres. A cette clarté douteuse Élisabeth aperçut la régente assise derrière la balustrade, dans un grand fauteuil armorié de fleurs de lys, et lisant des dépêches qu'on venait de lui remettre. Elle était déjà toute habillée pour recevoir la cour. Anne d'Autriche avait alors environ cinquante ans, et, quoique bien conservée, elle se trouvait à cet âge où les fem-

mes n'aiment pas à se montrer en négligé
du matin, même à leurs meilleures amies.
Sa taille paraissait plutôt élevée que
moyenne ; ses traits étaient nobles et majestueux, ses cheveux d'un noir de jais ; ses
yeux bleu-vert avaient un éclat particulier.
Quelques rides légères imprimaient à sa
physionomie une gravité qui ne la dépa-
rait pas. Une sorte de mantille noire enca-
drait sa figure, suivant une mode du temps,
et achevait de lui donner un caractère tout
espagnol. Sa taille, un peu cachée sous
les plis mouvants de sa robe de velours
bleu, ne présentait pas cet embonpoint
excessif que la maturité apporte souvent
avec elle. Enfin sa main, qui s'échappait
des flots de dentelles de ses manchettes,
était encore dans ce temps-là, au dire

des courtisans, la plus belle main de France et de Navarre.

Le page avait disparu après avoir introduit Élisabeth, et la jeune fille s'était arrêtée respectueusement à quelque distance, attendant qu'un regard de sa maîtresse tombât sur elle. Mais soit que la lecture absorbât son attention, soit que le bruit des pas de la dame d'honneur sur le tapis eût été trop léger pour être entendu, la reine ne s'aperçut pas de la présence d'une personne étrangère. Mademoiselle de Montglat, immobile et silencieuse, osait à peine respirer, de peur de s'attirer une de ces rebuffades dont Anne d'Autriche n'était pas avare dans ses moments de vivacité.

La reine continua donc la lecture de ses

dépêches, dont le contenu ne semblait pas
être très agréable, à en juger par ses sourcils froncés et ses mains convulsivement
serrées. Elle froissa plusieurs fois les papiers et donna d'autres signes de colère.
Ces symptômes fâcheux n'étaient pas de
nature à rassurer la timide jeune fille; mais
son inquiétude devint de la terreur quand
la reine, cédant à l'irritation qu'elle éprouvait, lança les papiers loin d'elle en disant
d'une voix sourde :

— L'insolent! oser me braver ainsi!
Allons, puisqu'il le faut, il périra ou je
périrai !

En laissant échapper ces paroles mystérieuses, Anne d'Autriche releva la tête,
et aperçut enfin Élisabeth debout devant elle :

— Qui est là ? demanda-t-elle avec fierté, qui se permet d'épier mes actions ?

— Madame, dit Élisabeth d'une voix émue, je venais d'après les ordres de Votre Majesté...

Mais déjà la reine l'avait reconnue ; elle l'interrompit d'un ton caressant :

— Ah ! c'est toi, mignonne ? en effet, je t'ai mandée pour causer un moment avec toi... Allons ! approche, j'ai des questions à te faire.

La comtesse s'avança jusqu'à la balustrade et s'inclina profondément en attendant que la reine lui adressât la parole ; mais elle n'était pas encore assez proche, Anne lui fit signe d'entrer dans l'enceinte où elle se tenait elle-même.

— Allons, assieds-toi, lui dit-elle familièrement en désignant à ses pieds un de ces tabourets que certaines grandes dames de la cour avaient seules le droit d'occuper en sa présence, assieds-toi, petite, et causons comme de bonnes amies.

Élisabeth, habituée par ses fonctions journalières aux rigueurs de l'étiquette, hésitait à obéir ; la reine reprit avec impatience :

— Assieds-toi donc, petite sotte ; nous sommes seules, et j'ai beaucoup de choses à te demander.

Mademoiselle de Montglat obéit en silence.

Anne d'Autriche l'examina pendant un instant, d'un air distrait ; elle dit enfin de ce ton de familiarité affectueuse qu'elle avait déjà pris avec sa fille d'honneur :

— Écoute, Montglat, j'ai confiance en toi parce que je te sais discrète, sage et fidèle... Mes autres filles ne songent qu'à observer mes actions pour aller les redire à leurs galants, qui en font part aux frondeurs et à mes ennemis. Si toute autre avait entendu les paroles qui viennent de m'échapper, j'en aurais une grande inquiétude et je pourrais céder à la tentation de m'assurer de ton silence... Mais tu n'as pas d'amoureux, et c'est ce qui me rassure.

Élisabeth baissa la tête ; la reine reprit avec un sourire :

— Quand je dis que tu n'as pas de galant, friponne, je me trompe; il y a ce petit cadet de province qui doit nous rendre certains services dont, aujourd'hui plus que jamais, nous sentons le prix... Allons, *mia cara*, il ne faut pas te troubler ainsi; si ce jeune homme est tel qu'on nous l'a dépeint, et s'il réussit dans l'entreprise qui lui sera confiée, ni toi ni lui vous ne m'accuserez d'ingratitude..... Mais, continua-t-elle d'un ton différent, laissons cela pour un instant; raconte-moi, mon enfant, dans tous ses détails ton aventure d'hier. M. d'Hoquincourt, exaspéré de voir des manants insulter des personnes de qualité, outrager l'autorité royale, ne se souvient distinctement de rien aujourd'hui; tes pauvres compagnes avaient perdu la tête; toi seule tu peux donc me dire la vérité. Voyons, parle avec franchise : ceux qui vous ont arrêtés sur le Pont-Neuf ne portaient-ils pas l'écharpe isabelle et n'étaient-ils pas des partisans du prince de Condé ?

— Madame, répondit Élisabeth avec modestie, mais d'un ton ferme, je croirais manquer au respect que je dois à Votre Majesté si je laissais planer vos soupçons sur des personnes qui ne l'ont pas mérité. Des gens revêtus de l'écharpe isabelle se trouvaient en effet dans la foule qui entourait le carosse, mais ces gens ne se sont portés envers nous à aucun excès, n'ont pris aucune part aux mauvais traitements dont on nous accablait.

— Tu te trompes ! dit la reine avec agitation ; tu es seule de ton avis... Tous les rapports qui me sont arrivés sur cette affaire, me présentent M. le prince comme l'auteur de cette honteuse tentative... Oui, répéta-t-elle en frappant du pied, il avait préparé cette émeute croyant que j'étais moi-même au nombre des dames qui allaient aux Carmélites célébrer la fête de saint Alexis... C'est de lui que me viennent tous les outrages dont la noblesse, le parlement et le peuple m'accablent à l'envi : c'est lui qui perdra l'Etat, si je le laisse faire, et qui me réléguera dans un village comme ce pauvre M. le cardinal.

Elle se tut un moment et dès qu'elle parut plus calme, la fille d'honneur reprit d'un air assuré :

— Que Votre Majesté me pardonne de ne pas me ranger à son avis... Il ne m'appartient pas de juger M. le prince, mais dans cette circonstance, je n'ai rien vu qui pût le faire supposer coupable d'un attentat si noir... Et pour preuve, madame, le cavalier qui nous a délivrées portait l'écharpe isabelle.

— Eh! ne vois-tu pas que c'était une comédie? s'écria la reine avec vivacité; tout cela était concerté d'avance entre les meneurs de cette échauffourée. Ils ne pouvaient pas vous laisser égorger par la populace; l'un de ces messieurs s'est fait votre champion pour détourner les soupçons et se donner dans Paris des airs de galant chevalier.

— Que Votre Majesté veuille bien excuser ma hardiesse, dit Élisabeth, mais à ma connaissance cette supposition n'est pas encore la vraie... Je suis certaine, continua-t-elle en rougissant, que le gentilhomme devant qui je me suis démasquée, dont j'ai réclamé les secours et qui s'est jeté si courageusement à travers la foule pour nous délivrer, ne pouvait avoir reçu le mot d'ordre de M. le prince, ou de quelqu'un de ses partisans.

— Vous le connaissez donc, mademoiselle ?

— Je le connais, madame, et cette circonstance explique l'incroyable témérité dont ce pauvre jeune homme est peut-être victime... On dit qu'il a été massacré par le peuple après notre délivrance, et qu'on l'a été jeter dans la Seine.

Élisabeth laissant échapper ses sanglots longtemps contenus, se couvrit les yeux de son mouchoir.

— Massacré ! dit la reine. Consolez-vous, folle ; il n'y a pas eu de sang répandu dans cette affaire... J'ai des rapports certains... Ce drôle a été sauvé par le coadjuteur, seulement on ne sait ce qu'il est devenu.

— Serait-il possible? s'écria mademoiselle de Montglat en joignant les mains avec une indicible expression d'espérance et de joie.

— Mais alors quel est donc cet aventurier? Il paraît à point nommé pour vous tirer d'embarras et s'évanouit aussitôt comme une vision ; c'est étrange !

— Madame, dit Élisabeth, ou je me trompe fort, ou Votre Majesté ne sera pas longtemps sans entendre parler de lui.

— Moi ? A quoi penses-tu donc, petite ?

— Votre Majesté oublie-t-elle ce jeune homme hardi et dévoué dont vous a parlé

M. de Croissi et qu'il est allé chercher en province?

— Quoi! ce cavalier qui vous a dégagés hier des mains de la populace serait le même que ce cadet...

— Qui doit mourir pour le service de Votre Majesté! dit Elisabeth d'une voix étouffée, en sanglottant.

La mère de Louis XIV la regarda d'un air irrité.

— D'où vient cette douleur, mademoiselle? demanda-t-elle sèchement; mais en effet, continua-t-elle avec ironie, tu n'approuves pas ce projet qui peut sauver l'Etat parce qu'il expose à quelques dangers ce petit gentillâtre dont tu t'es éprise! Ce n'est pas ma faute si l'on t'a mise dans la confidence, mais Croissi prétendait qu'il avait besoin de ton secours. Montglat, Montglat, prends garde! tu portes un secret bien lourd, et si tu me trahissais...

— Madame, dit Elisabeth avec une douloureuse résignation, j'ai suivi vos instructions à l'égard de M. de Croissi, mais M. de Croissi m'a lâchement abusée sur la nature de cette entreprise. C'est moi qui ai poussé Fabien à se fier à cet homme, son plus mortel ennemi; c'est moi qui l'ai fait venir à Paris, où bientôt peut-être il expiera par une mort honteuse une tentative désespérée!... Et cependant, madame, si vous saviez combien je l'aime! Si vous saviez combien ces sacrifices m'ont coûté de larmes!

En même temps mademoiselle de Montglat ne put contenir de nouveaux transports de douleur. La reine en parut touchée.

— Allons! console-toi, dit-elle; si le coup ne réussit pas, si ce jeune homme est compromis, je ne l'abandonnerai pas à la vengeance de nos ennemis... Je te le promets, d'une manière ou d'une autre je reconnaîtrai son zèle et le tien.

— Madame, répliqua la jeune fille avec effort, ne vaudrait-il pas mieux choisir pour cette mission un homme plus capable de la remplir? Fabien... ce jeune gentilhomme, a passé sa jeunesse à la campagne; il est simple dans ses mœurs, franc dans ses idées.

— C'est-à-dire un peu lourd, dit la reine avec un accent légèrement dédaigneux, mais c'est précisément ce qu'il nous faut, ma chère... Croissi qui est un peu son parent, je crois, me l'a dépeint ainsi. Nous n'avons pas besoin d'un aigle, mais d'un garçon résolu, dévoué, qui se laisse conduire sans s'inquiéter où il va.

— Et moi, j'espère que Fabien de Croissi n'est pas tel que vous l'a dépeint son indigne frère ! s'écria mademoiselle de Montglat avec véhémence.

— Son frère ? reprit Anne d'Autriche étonnée. Ce jeune homme est-il le frère de M. de Croissi ?

— Il l'est, en effet, madame, comme Abel était le frère de Caïn.

La reine devint pensive.

—En ce cas-là, dit-elle enfin, sans aucun doute Croissi nous servira fidèlement.....
La trahison dont il s'était rendu coupable

envers le prince m'avait fait craindre quelque chose de semblable, mais désormais je puis être sûre de lui. Ton aventure d'hier prouve du moins qu'il ne m'a pas trompée sur le courage de son frère, et je suis ravie que le jeune drôle montre une telle chaleur pour mon service. Je t'assure, Montglat, qu'il en sera récompensé.

— Madame, reprit la pauvre Elisabeth avec désespoir, veuillez réfléchir encore, je vous prie, au sort affreux auquel vous condamnez peut-être un homme simple et loyal...Il va lui falloir choisir entre la colère redoutable de Votre Majesté ou la consommation d'un crime.

— Mademoiselle !...

— D'un crime, madame, répéta la fille

d'honneur sans se laisser effrayer des regards irrités de la reine, oh! je sais la vérité, maintenant ; M. de Croissi l'a laissée échapper tout entière en ma présence !... Or, si ce malheureux Fabien refuse de prendre part à une action qui peut lui paraître honorable, il me méprisera, moi qui l'y aurai poussé, et son mépris sera pour moi plus cruel que la mort! S'il l'accepte, au contraire, ce sera mon tour de le mépriser, qu'il réussisse ou non.

— Assez, mademoiselle, dit la reine avec force, je vous défends de parler ainsi d'un projet conçu par mes serviteurs les plus fidèles.

— Oh! pardonnez-moi, madame, dit Elisabeth en tombant aux genoux de la reine; autrefois je n'avais pas bien compris ce qu'on exigeait de ce généreux jeune homme... mais depuis j'ai vu dans quel abîme il allait tomber, et j'ai senti des regrets mortels de l'avoir poussé dans une entreprise où il peut perdre l'honneur et la vie... Oh! madame, que Votre Majesté donne à Fabien de Croissi une mission où il puisse noblement verser son sang pour elle, et il ne reculera devant aucun danger, j'en suis le garant; pitié pour lui, madame, pitié pour lui et pour moi !

Anne d'Autriche était impérieuse, opiniâtre dans ses volontés : mais le désespoir de mademoiselle de Montglat, qui se traînait à ses genoux, les yeux baignés de larmes, agit sur son organisation nerveuse. Elle se radoucit, prit dans ses mains blanches et potelées les mains d'Elisabeth, et l'attira vers elle, en lui disant d'un ton affectueux :

— Voyons, mon enfant, calme-toi ; la vue des larmes me fait mal, quoique j'en ai bien versé dans ma vie... Vous pensez, vous autres, qu'étant reine, je puis tout ce que je désire, que je n'ai qu'à souhaiter pour assurer le bonheur ou le malheur de ceux qui m'approchent ! Si puissante que tu me supposes, je ne saurais commander aux évènements ; je suis forcée de céder à la nécessité comme le dernier de mes sujets. Tu crois qu'il est en mon pouvoir de choisir, pour l'entreprise dont tu parles, un autre que ton galant ; tu te trompes, ma pauvre Montglat. Ce projet audacieux n'est pas de moi, ce sont mes conseillers, mes amis, c'est Hoquincourt, Ondedei,

Fouquet, Croissi, qui en ont eu l'idée. Ils ont eu besoin pour l'exécuter d'un jeune gentilhomme robuste, courageux, étranger à Paris, et qui agirait sans nous demander nos motifs; Croissi nous a proposé un de ses parents, et nous l'avons accepté; M. le cardinal approuve ce plan et en presse l'exécution. Il se trouve que ce jeune homme est frère de Croissi, c'est pour nous une garantie de plus; il se trouve qu'il est plein de courage, et il l'a prouvé dans l'affaire d'hier : c'est au mieux pour nos desseins ! Veux-tu donc maintenant que je dise à mes conseillers : Non, il ne sera pas donné de suite à cette affaire, parce qu'une de mes filles d'honneur aime notre champion et craint d'exposer sa vie... Vrai Dieu ! comme le cardinal se moquerait d'une pareille faiblesse ! Tu ne peux pas comprendre, petite, ce que c'est que les raisons d'Etat...

— Oh! madame, dit la jeune fille dans un élan de douleur, si vous saviez combien je l'aime !

Cette simple exclamation sembla toucher la reine plus que tous les raisonnements.

— Tu l'aimes ! reprit-elle avec un ton d'amertume, n'ai-je donc jamais aimé, moi, et n'ai-je pas été forcée aussi de sacrifier bien des affections à l'impitoyable tyrannie de la nécessité ? Tu l'aimes... tu es bien heureuse de pouvoir aimer ! A présent je ne puis plus que haïr ; mais je hais comme tu aimes, avec force, avec passion, et je veux que ma haine s'assouvisse

comme tu veux que ton amour triomphe...
Enfin, mademoiselle, continua-t-elle d'un
ton plus calme, je consens à ce que ce
jeune homme ne prenne aucune part à
notre entreprise, pourvu qu'on trouve de
suite quelqu'un pour le remplacer, et
pourvu surtout que M. de Croissi ne lui
ait parlé de rien ; car s'il avait déjà connaissance de l'affaire dans laquelle on
comptait l'employer, songez-y bien, il devrait obéir ou renoncer pour toujours à sa
liberté !

En même temps elle se leva comme
pour donner congé à la suppliante et fit
quelques pas d'un air de fatigue et de mécontentement.

— Merci! madame, merci du faible espoir que me laisse Votre Majesté! reprit

Elisabeth avec vivacité ; mais où trouver maintenant M. Fabien de Croissi ?

— Cela vous regarde, dit la reine sèchement ; voici l'heure de la grande réception... allez, mademoiselle, vous pouvez courir Paris à la recherche de votre aventurier. Je vous donne permission de vous absenter pour le reste de la journée.

Puis, par un retour d'affection naturel à son caractère capricieux, elle tendit la main à la jeune fille qui la baisa respectueusement et balbutia quelques mots de reconnaissance.

— Il suffit, reprit Anne en la saluant du geste ; pas un mot à personne sur tout ceci ; dites en passant à madame de Chevreuse que je veux la voir un instant en particulier, avant la réception... Mais non, j'y songe, ajouta-t-elle aussitôt, elle voudrait te questionner sans doute... donne l'ordre à La Roche-du-Maine de la prévenir.

Elisabeth sortit avec toute la rapidité que lui permettait l'étiquette et en oubliant l'une des trois révérences exigées par le cérémonial. Dans la pièce voisine où se tenaient les femmes de service, elle transmettait à madame de La Roche-du-Maine l'ordre de la reine, lorsqu'elle se sentit tirer doucement par la robe; elle se retourna et vit le petit page que nous connaissons déjà. L'enfant, avec un air mystérieux, l'entraîna dans l'embrasure d'une fenêtre :

— Eh bien, qu'y a-t-il encore, monsieur de Bussi? demanda-t-elle avec impatience;

mon service m'appelle, et je n'ai pas le temps de plaisanter avec vous.

— Ecoutez-moi, bonne Montglat, dit l'enfant d'un ton câlin, si vous voulez me donner un baiser, je vous remettrai quelque chose qui vous plaira.

— Monsieur le comte, je vous répète que le temps me presse...

— Allons donc, reprit le page finement : c'est une lettre de votre galant peut-être ! Si je le croyais pourtant...

Cette supposition, sans doute hasardée de l'enfant, fit rougir Elisabeth.

— Une lettre ! Où est-elle ? qui vous l'a confiée !

— Elle est là, dans mon escarcelle ; vous l'aurez quand vous l'aurez payée... Elle a été remise par un singulier laquais, allez... Il a une robe noire, et il est bien laid... Il causait avec un marmiton au moment où je me glissais du coté de l'office pour dérober des macarons. Ils m'ont vu et ils m'ont appelé. Le cavalier noir voulait à toute force mettre la lettre dans ma poche ; j'avais envie de corriger le drôle à coups de plat d'épée, mais comme ce papier était pour vous, dont je me fais gloire d'être le chevalier, je m'en suis chargé volontiers.

— Mais cette lettre où donc est-elle ? demanda Elisabeth avec vivacité.

— La voici.

Au premier coup d'œil jeté sur l'adresse, elle poussa un cri de joie. Elle venait de reconnaître l'écriture de Fabien.

— Et cet homme..... le porteur de la

lettre, où est-il? demanda-t-elle avidement.

— En bas... à l'entrée des cuisines, avec le marmiton.

La jeune fille fit un signe de remerciement au jeune page et s'élança vers une porte dérobée qui conduisait aux cuisines.

— Et mon baiser, friponne? demanda Bussi qui courut après elle.

Mais Elisabeth avait déjà disparu. En parcourant le dédale compliqué des appartements du Palais-Royal, elle murmurait avec espérance :

— Je vais le voir... tout n'est pas encore perdu !

IX

Les deux frères.

Revenons maintenant aux deux Croissi, que nous avons laissés dans une hôtellerie du quartier Saint-Jacques.

Ils étaient si près l'un de l'autre que leurs vêtements se touchaient. Le baron, après s'être assuré que les cloisons de la chambre présentaient une épaisseur suffisante pour qu'on ne pût l'entendre d'une pièce voisine, se pencha vers l'oreille de Fabien et lui dit d'un ton caressant en guise d'exorde :

— Je crois, mon frère, avoir toujours rempli envers vous le devoir d'un bon parent ; je crois n'avoir point menti à la promesse que je fis au lit de mort de notre père de veiller sur vous avec sollicitude. Je ne veux pas ici vous rappeler les preuves d'affection que je vous ai données toute ma vie, à vous et à madame de Rieul, votre mère ; mais vous savez jusqu'où je poussai la bienveillance, quand la mort de M. le baron me rendit maître de mon bien patrimonial. Je vous abandonnai la jouissance de mes domaines, je ne vous demandai compte de votre gestion que pour la forme ; et si jusqu'ici, Fabien, je ne vous ai pas procuré de position indépendante, c'est que je cherchais l'occasion, qui se présente aujourd'hui, d'assurer votre fortune. Quelle que soit donc la proposition que je vais vous adresser, vous l'accepterez comme venant d'un frère aîné, d'un bienfaiteur à qui vous devez affection, respect et reconnaissance.

Nous l'avons déjà dit, Fabien possédait un sens juste et droit qui lui tenait lieu d'expérience ; il comprit que ces paroles insinuantes, cette énumération de bienfaits prétendus, avaient pour but d'endormir sa pénétration. Déjà les allures mystérieuses d'Albert l'avaient mis en défiance, malgré la promesse qu'on avait eu soin de lui arracher d'avance. Aussi, sans se lancer dans des récriminations au moins inutiles pour le moment, répondit-il d'un ton réservé qu'il n'avait pas oublié les bontés de son aîné, qu'il s'en souviendrait toute sa vie, et qu'il était prêt à donner toutes les preuves de soumission qu'il plairait à son frère de lui demander, pourvu qu'elles s'accordassent avec son honneur.

Cette réserve ne parut pas entièrement du goût du baron, qui fronça le sourcil.

— L'honneur! l'honneur! répéta-t-il avec impatience, il s'agit de savoir, monsieur, en quoi vous le faites consister. On attache quelquefois de singulières idées à ces grands mots-là quand on est jeune et novice dans la vie. Mais vous m'accorderez bien que je suis aussi bon juge que personne en pareille matière, sans en excepter vous-même?

— Monsieur, s'écria Fabien avec une fierté courageuse, je n'ai jamais reconnu sur ce point d'autre juge que ma conscience ; cependant, continua-t-il d'un ton plus doux, il n'est personne au monde dont je recevrais plus volontiers les avis que de mon frère.

— Fort bien, reprit Croissi d'un ton à demi satisfait, en évitant toutefois d'insister sur ce point délicat, mais venons à l'objet véritable de cet entretien.

Ici le baron s'arrêta, comme pour réfléchir aux moyens d'aborder un aveu difficile.

— Fabien, dit-il enfin de ce ton insinuant qu'il savait prendre dans l'occasion, hier, sans vous en douter, vous avez donné à mon cœur fraternel une bien vive satisfaction. Dans cette auberge, où nous avons été interrompus par un espion, vous avez montré la plus grande répugnance à porter cette écharpe isabelle que je croyais devoir vous faire prendre pour votre sûreté. Vous le savez, maintenant; nous ne différons pas essentiellement d'opinion sur le chapitre des affaires de l'Etat. J'ai pu d'abord suivre le parti de M. le Prince, quand je le croyais juste et modéré, mais je l'ai quitté depuis que j'ai vu ses excès. Aujourd'hui j'appartiens de cœur et de bras à la reine régente; c'est à son service, au service de l'Etat que je prétends vous engager avec moi.

Fabien fut vivement frappé de cette ouverture à laquelle il ne s'attendait pas.

— Serait-il possible, monsieur le baron? demanda-t-il au comble de l'étonnement. Cependant hier vous avez refusé de secourir des personnes attachées à la reine, et vous m'avez semblé fort mal avec le coadjuteur et son parti. Je devais donc supposer que la faction dont vous portiez les couleurs, dans laquelle étaient vos amis...

Le baron sourit d'un air de bonhomie qui cachait un peu d'embarras.

— Sans doute! sans doute! répondit-il; mais où donc avez-vous vu, Fabien, que pour être d'une faction on soit obligé de rompre avec ses amis de la faction opposée?... Mon Dieu, chaque jour, au parlement, vous pourriez constater bien d'autres singularités... Les gentilshommes de M. le coadjuteur et ceux de M. le Prince peuvent être obligés d'un moment à l'autre de s'entr'égorger; cela ne les empêche pas de se serrer quelquefois la main dans les buvettes et de vider ensemble un pot d'hypocras. C'est là, mon frère, continua-t-il d'un ton sentencieux, le côté comique de nos discordes civiles...Quant à moi, je n'ai pas rompu nettement avec le parti de M. le Prince, mais on sait que je penche vers la cour, et je suis à peu près devenu ce que l'on appelle maintenant un Mazarin. Vous allez avoir des preuves irréfragables de la sincérité de ma conversion.

Ces explications eussent paru passablement obscures aux personnes versées dans la connaissance des affaires de ce temps-là;

mais elles parurent sincères à Fabien et éveillèrent dans son âme le regret d'avoir pu soupçonner les intentions secrètes de son frère.

— Monsieur le baron, dit-il d'un ton de cordialité, pardonnez-moi mes défiances. Le parti envers lequel je vous croyais engagé me faisait craindre des propositions qu'eussent réprouvé ma loyauté et mon respect pour l'autorité légitime...

Le baron ne put retenir un mouvement d'épaules presque imperceptible.

— Je m'étais pourtant efforcé, dit-il avec sévérité, de vous mettre en garde contre des préventions fâcheuses ; mais j'excuse votre ingratitude, Fabien, parce que nous ne nous connaissons pas encore, quoique nous soyons unis par les liens du sang. Plus tard je n'aurai pas de pareils soupçons à vous reprocher, et vous ne douterez pas de l'affection de votre frère.

Fabien fit un signe d'assentiment et reprit d'un ton où il n'y avait plus ni froideur, ni réserve :

— Parlez! parlez! Albert, j'ai hâte de savoir comment je puis servir la royale maîtresse de ma chère Élisabeth.

— Et vous pouvez ajouter mademoiselle de Montglat elle-même, répliqua le baron avec empressement; je vous ai dit déjà, Fabien, que vous étiez destiné à de grandes choses : en outre personne n'aura jamais obtenu de plus belle récompense si vous remplissez dignement votre tâche. Voici de quoi il s'agit : les amis de la reine, au nombre desquels je compte aujourd'hui, ont conçu l'idée d'une entreprise qui doit amener la fin de nos discordes civiles ; mais pour la faire réussir il fallait un gentilhomme intrépide, inconnu dans Paris, étranger à tous les partis, prêt à supporter, en cas de non succès, l'emprisonnement, la torture, la mort même, sans trahir ou compromettre personne, enfin dont le dévouement fût complet, et qui sût se contenter, au besoin, d'avoir obéi ponctuellement à sa souveraine, dût-il périr à la peine.

— Et vous m'avez choisi pour cette grande mission ?

— Je vous ai choisi, répéta le baron avec calme. Je me suis dit, Fabien, que vous étiez pauvre et obscur, que cette pauvreté et cette obscurité même vous condamnaient à une condition misérable dont mes bienfaits ne pourraient complètement vous tirer; que vous aimiez une noble dame à laquelle votre position dépendante ne vous permettait pas d'aspirer, et que cet amour serait le supplice de votre vie. Alors j'ai conçu l'espoir que vous seriez homme à jouer le bonheur de votre existence sur un coup de dé. J'ai parlé de vous aux personnages puissants qui dirigent cette affaire comme d'un agent propre à remplir leurs desseins. Sans leur dire quel était notre degré de parenté, car c'eût été leur faire supposer de ma part un intérêt que je n'ai pas, j'ai vanté votre fidélité, votre courage. Ils vous ont donc accepté pour leur champion, tous, même les plus élevés... la reine et le cardinal.

Fabien écoutait avidement ces discours, dont le baron semblait calculer chaque mot. Voyant qu'il s'arrêtait, le jeune homme reprit chaleureusement :

— Je suis fier, monsieur, que tant d'illustres personnes aient voulu se fier à moi dans une affaire qui paraît si grave. Je vous remercie de m'offrir les moyens d'échanger ma position présente contre une haute fortune, au risque d'une mort honorable... mais vous ne m'avez pas dit encore ce que l'on attend de moi.

— J'allais y venir, dit le baron ; or donc, Fabien, il y a quelqu'un dans Paris dont on achèterait la disparition par les plus plus grands sacrifices. Cet homme met l'État en péril chaque jour, chaque heure de sa vie, et peut causer une perturbation affreuse qui livrerait la France à l'étranger. Il outrage la reine par son faste et son insolence, il l'irrite par ses discours hardis, par les calomnies des libellistes à ses gages ; enfin, mon frère, les choses en sont venues à ce point que cet homme doit être réduit à l'impuissance ou bientôt son pouvoir deviendra rival de l'autorité royale.

— Eh bien ! interrompit Fabien impétueusement, la reine manque-t-elle de fidèles serviteurs pour exécuter ses ordres, de prisons pour enfermer les traîtres et les factieux ?

— Sans doute, reprit le baron, qui devenait plus froid et plus méthodique à mesure que son frère s'exaltait davantage, mais nous vivons dans un temps malheureux, Fabien ; l'autorité légitime n'a plus le degré de force et de grandeur qu'elle avait autrefois. Tel de ces factieux peut lutter avec avantage contre toutes les troupes réunies de la régente, et celui dont nous parlons est de ce nombre. Il a lui-même un grand nombre de serviteurs et d'amis prêts à tirer l'épée pour sa cause ; l'attaquer ouvertement serait peut-être accélérer la catastrophe. On s'est donc arrêté, dans un conseil secret, tenu par des partisans de la reine, à cet autre projet dont l'exécution vous est confiée.. Ecoutez-moi : par des moyens que vous connaîtrez plus tard, on vous mettra en présence de ce grand coupable, dans un endroit où il sera seul avec vous, et... vous nous en rendrez bon compte !

— Mais, monsieur, dit Fabien avec naïveté, une pareille arrestation est l'affaire d'un exempt ou d'un capitaine des gardes ?

Le baron sourit d'une façon singulière.

— Vous ne comprenez pas, dit-il tranquillement : un exempt ou un capitaine des gardes donnerait à cette... arrestation un caractère officiel qu'on veut éviter. Il ne faut pas, entendez-vous bien, que cette entreprise semble dirigée par la cour contre le personnage dont il s'agit ; il doit disparaître tout à coup de la scène politique, sans qu'on sache ce qu'il est devenu. Voilà pourquoi l'on a fait choix d'un simple gentilhomme campagnard tel que vous. Si le coup vient à manquer, on vous désavouera certainement, je vous en avertis, et votre position obscure ne compromettra personne. S'il réussit, un profond mystère couvrira cette entreprise et vous recevrez au grand jour, sous quelque prétexte plausible, la récompense d'un service rendu dans l'ombre. Vous voyez maintenant à quelles conditions vous êtes redevable de la faveur qu'on vous accorde.

Mais Fabien ne voyait pas encore bien clairement ce qu'on attendait de lui.

— Excusez ma simplicité, monsieur le baron ; mais manquait-il à Paris de gens résolus pour exécuter cette entreprise, sans aller chercher au loin un pauvre diable dont l'inexpérience pourrait en compromettre le succès ?

— Celui qui sera chargé de cette mission doit être bon gentilhomme et présenter d'incontestables garanties de moralité. Vous sentez, Fabien, que si l'on s'adressait à des ambitieux avides et sans foi, ils pourraient aller vendre ce secret à celui là même contre lequel l'entreprise est dirigée, car il est assez riche pour le payer d'un grand prix.

— Fort bien, mon frère ; mais quel si grand danger courrait donc l'exécuteur d'un mandat décerné par l'autorité royale contre un ennemi de l'État ?

Croissi le regarda fixement avant de répondre.

— Il pourrait arriver, dit-il enfin, que cet ennemi de l'État fît résistance, et que, pour en finir avec lui, on fût obligé de lui donner quelques bons coups d'épée ou de poignard...

Fabien pâlit tout à coup ; une sueur froide coula sur son front.

— Et croyez-vous, demanda-t-il en déguisant avec peine le tremblement de sa voix, que le coupable pourrait songer à la résistance ?

— Cela est sûr, répondit le baron, car il n'est pas d'une race d'agneaux... c'est le prince de Condé !

Ce nom illustre acheva de faire déborder l'indignation qui s'était amassée daus le cœur de Fabien dès qu'il avait soupçonné la vérité.

— Quoi ! c'est le premier prince du sang, c'est le grand Condé que l'on me propose d'assassiner ! s'écria-t-il avec violence.

— Paix ! au nom du ciel ! dit le baron

d'une voix sourde, en se levant, on pourrait vous entendre.

— Et c'est vous, mon frère, qui exigez que je trempe mes mains dans ce sang illustre, que je frappe le héros et le sauveur de la France !

— Silence, Fabien, ou je vous jure...

— Et vous espérez me faire croire que la reine de France a donné cet ordre abominable ?

— Te tairas-tu, malheureux ! dit le baron en le saisissant par le bras.

Et en même temps Fabien vit briller un poignard au-dessus de sa tête. Prompt comme l'éclair, le robuste jeune homme s'empara de cette arme menaçante, la dirigea contre son frère à son tour, puis, la rejetant loin de lui, il se laissa tomber sur un siége et se couvrit les yeux avec horreur.

Un silence de quelques instans suivit cette scène rapide.

— Monsieur de Croissi, murmura Fabien d'une voix altérée, qu'eût dit notre pauvre père s'il nous eût vus tout à l'heure dans une pareille posture ?

— Il eût dit, Fabien, reprit Albert avec fermeté, que vous êtes un fou rétif et ombrageux ; au lieu de discuter froidement mes propositions, vous criez bien haut d'imprudentes paroles qui peuvent nous précipiter l'un et l'autre dans une prison d'état… Voyons, mon frère, continuat-il avec plus de douceur, en se rapprochant du cadet qui venait de tomber dans un morne accablement, oublions ce fâcheux emportement ; causons sans passion et sans préjugés. Vous avez pris feu contre une offre que bien des nobles à Paris eussent acceptée sans hésiter, s'ils avaient pu remplir les conditions qu'elle impose. Pour ne citer qu'un exemple, le grand duc de Guise avait rendu bien d'autres services à la France que ce Condé turbulent et ambitieux ; cependant lorsqu'il fut poignardé dans l'antichambre du roi Henri III, personne n'osa blâmer les gentilshommes Ordinaires d'avoir exécuté l'ordre de leur souverain. Leur blason ne reçut aucune tache de cet acte d'énergie ; les descendants de plusieurs d'entre eux portent la tête haute à la cour, et citent cette œuvre de leurs pères comme une preuve de courage et de loyauté. Cependant nous devons déplorer, Fabien, que la rage des partis ait mis la reine dans une telle extrémité ; elle ne peut sauver le royaume sans avoir recours à des moyens que son cœur et ceux de ses serviteurs dévoués réprouvent comme le vôtre.

Ici le baron s'arrêta pour juger de l'effet de ses paroles captieuses sur l'esprit de son frère. Celui-ci restait toujours pensif, comme s'il mesurait la profondeur de l'abîme où l'on voulait le pousser.

— Monsieur, dit-il bientôt avec un calme forcé, je ne suis pas grand casuiste ; je ne puis ni ne veux discuter avec vous sur de semblables matières ; je désirerais pourtant savoir ce qu'il adviendrait de moi si je refusais absolument d'accomplir la tâche que vous me prescrivez ?

— Vous devez penser, Fabien, répondit le baron d'un air sombre, que j'ai prévu votre refus et pris mes mesures en conséquence. Si maintenant que vous possédez cet important secret vous vous croyiez obligé d'aller le révéler à M. le prince, la guerre civile éclaterait demain d'un bout à l'autre de la France, car le prétexte d'une rébellion ouverte pourrait paraître spécieux à la nouvelle Fronde...Ainsi donc, si vous refusez de nous servir, voici ce qui nous protégera contre vos indiscrétions.

En même temps, il tira de sa poche plusieurs lettres de cachet en blanc et les étala sur la table.

— Que je griffonne seulement votre nom sur un de ces papiers, continua-t-il, et dans une heure les portes de Vincennes ou de la Bastille se fermeront sur vous pour toujours.

— Quoi! monsieur, dit Fabien avec un accent de reproche, vous, Albert de Croissi, vous me laisseriez traîner dans une prison, parce que j'aurais refusé d'agir contre ma conscience? Albert, mon frère, vous ne le voudriez pas!

— Je vous y traînerais moi-même, murmura Croissi d'un ton farouche ; vous ne savez pas, jeune homme, combien vous êtes peu de chose devant de tels intérêts!

— Mais je suis quelque chose devant vous, dit Fabien en se dressant de toute sa hauteur; nous sommes seuls ; je suis plus agile, plus robuste que vous; je puis me soustraire à votre injuste tyrannie.

Le baron secoua la tête d'un air de pitié. Puis, se levant gravement, il prit Fabien par le bras, le conduisit vers la fenêtre, et lui montra deux ou trois personnages à mines sinistres qui rôdaient dans la cour.

— Je vous ai dit que toutes mes précautions étaient prises, répéta-t-il. Regardez ces gens-là : ils vous tueraient sur un signe de moi, et, à plus forte raison, ne se feraient-ils pas le moindre scrupule d'obéir à une lettre de cachet pour vous conduire à Vincennes. Un carrosse est à quelques pas d'ici ; d'autres individus affidés cernent la maison et accourront au premier bruit. A l'heure où je vous parle, on peut encore entrer dans cette hôtellerie, mais nul ne peut en sortir sans mon ordre exprès.

— Eh bien ! je crierai, je divulguerai votre secret à voix haute, j'ameuterai le peuple...

— Si vous criez, on vous bâillonnera ; si vous divulguez le secret à quelqu'un de vos gardes, vous le condamnerez à partager votre captivité, et vous êtes trop honnête homme pour envelopper dans votre malheur un pauvre diable qui n'en peut mais... d'ailleurs, on ne vous croira pas. Ne songez plus à ces folies, monsieur, elles pourraient vous coûter cher !

Un nouveau silence suivit ces paroles: le jeune Croissi s'était rejeté sur son siége d'un air découragé. Le baron restait debout devant lui, calme, sec, inexorable.

— Hâtez-vous, dit-il après une pause, qu'avez-vous décidé ?

— Monsieur, dit Fabien lentement, vous m'avez parlé du crime, pourquoi ne me parlez-vous plus de la récompense ?

Cette demande annonçait déjà que Fabien faisait un retour sur lui-même et pourrait céder à la nécessité ; cependant cet espoir était si vague encore, qu'Albert n'osa s'y abandonner.

— La récompense ! dit-il, elle est immense déjà, mais on y ajoutera tout ce que vous pourrez exiger. Vous aimez mademoiselle de Montglat, on vous la donnera pour femme ; on lui assurera une dot magnifique, des titres, des richesses...

— Mais, interrompit Fabien avec chaleur, est-il vrai qu'Elisabeth ait eu connaissance de cet arrangement, et qu'elle soit prête à le ratifier ? On l'a trompée, j'en suis sûr, ou l'on me trompe moi-même !

— Sur ma foi de gentilhomme, Fabien, elle est du complot ; elle s'est engagée à récompenser de sa main et de sa fortune votre dévoûment à sa royale maîtresse.

— Ainsi donc, elle aussi, s'écria le jeune homme, elle aussi se ligue avec mon frère pour m'ordonner un assassinat !

Il appuya son front contre la table et se mit à verser d'abondantes larmes. Le baron profita de cet instant d'attendrissement ; il déploya tout l'art perfide qu'il

avait acquis dans les intrigues de cour
pour arracher le consentement de Fabien ;
il pria, menaça. Il énuméra longuement
les maux que souffrait la France depuis
la mort de Louis XIII, et qu'il attribuait
tous à l'orgueil et à l'ambition de Condé ;
il tenta de prouver à son frère qu'en
obéissant au pouvoir légitime, il ne ferait
rien contre la justice divine et humaine ;
enfin il revint encore sur les grandes récompenses qu'il aurait droit d'obtenir
après le succès. Fabien l'écoutait dans un
silence farouche ; il se souleva lentement sur le coude, et demanda d'un air
accablé :

— Pouvez-vous me montrer un ordre
écrit de la reine qui me charge de frapper
son ennemi ?

— Un pareil acte, Fabien, serait trop dangereux à signer; ne songez pas à le demander... Mais, si vous voulez vous contenter d'un ordre verbal, je puis vous promettre que vous verrez la reine et qu'elle vous le donnera.

—Et Elisabeth... Mademoiselle de Montglat, pouvez-vous aussi me placer en sa présence et me faire entendre de sa bouche son approbation à cette terrible entreprise ?

— Je le peux.

— Eh bien, dit le jeune Croissi, j'accepte à cette double condition... J'accomplirai ce qui me sera commandé par ces deux femmes, l'une à qui je dois tant de respect, l'autre à qui j'ai voué tant d'amour.

Ces paroles furent prononcées avec un peu d'égarement ; mais Albert n'en parut pas moins au comble de ses vœux.

— Serait-il possible ? s'écria-t-il en bondissant de joie ; vous ne voulez pas, vous ne pouvez pas me tromper, Fabien, ce serait un jeu trop périlleux ! Oui, je vous le répète, vous entendrez et la reine et mademoiselle de Montglat vous prescrire cette grande mesure qui doit sauver le royaume. .Mais à votre tour, Fabien, il faut nous jurer discrétion et dévoûment à toute épreuve... Quoi qu'il arrive, il faut jurer que vous serez muet comme la tombe ; un aveu de votre bouche pourrait perdre la reine, Monglat, moi votre frère et beaucoup d'autres encore !

— Ce serment, dit Fabien d'un ton saccadé en baissant la tête, ce n'est pas vous qui devez le recevoir; nul autre n'a le droit de l'exiger que la reine.

— Vous la verrez... ce soir.

— Et Elisabeth ?

En ce moment on frappa doucement à la porte ; une voix haletante appela de l'escalier : « Fabien ! Fabien ! »

Le jeune Croissi reconnut aussitôt le son de cette voix.

— La voici elle-même ! s'écria-t-il ; nous allons voir, monsieur le baron, si vous ne vous êtes pas joué de moi !

Il ouvrit; Elisabeth, enveloppée dans une mante et masquée, entra précipitamment, suivie d'Eustache Vireton.

X

Consentement.

Cette apparition inattendue frappa le baron de stupeur. Cependant il salua d'un air ironique la dame d'honneur qui venait de se démasquer; mais avant de lui adresser la parole, il voulut se débarrasser d'un témoin dangereux. Il se dirigea vers Eustache Vireton qui restait tranquillement près de la porte, son bonnet à la main :

— Qui êtes-vous ? demanda-t-il d'un ton bref.

— Monsieur, dit l'écolier en s'inclinant jusqu'à terre, je suis votre humble serviteur.

— Pas de verbiage, interrompit le baron durement, et répondez.

Maître Loquax fut intimidé.

— J'ai été chargé de porter à mademoiselle de Montglat la lettre de ce jeune gentilhomme, répondit-il.

— Quelle lettre ?... Ah ! je comprends, vous êtes un honorable messager d'amour ; mais d'où connaissez-vous ce gentilhomme ? où l'avez-vous vu ? qu'y a-t-il de commun entre vous et lui ?

— Ma foi, monsieur, dit le théologien en affectant une aisance qu'il n'avait pas, hier je me suis mis entre la bouche de ce cavalier et la coupe qu'on voulait lui faire boire... Vous savez, j'imagine, de quelle coupe je veux parler ?

— En effet, dit le baron, qui seulement alors reconnut son interlocuteur de la veille; mais comment avez-vous su découvrir ce logis ?

— Mes jambes valent mieux que celles de deux pauvres chevaux épuisés ; je vous ai suivis pour m'assurer qu'il ne vous était pas arrivé d'accident.

— Et vous êtes venu chercher votre récompense ce matin, acheva Croissi d'un ton ironique ; j'avais pourtant pris mes mesures afin de préserver mon... parent des visiteurs de votre espèce ; je ne sais comment vous avez pu parvenir jusqu'à lui. Quoiqu'il en soit, monsieur l'écolier, le service dont il s'agit mérite sa récompense, et elle ne vous manquera pas... Descendez ; vous trouverez dans la salle commune un personnage qui porte un collet de buffle et dont le feutre est orné d'une plume noire ; dites-lui que je vous recommande à lui..... Il saura ce que cela veut dire.

Vireton se gratta l'oreille d'un air d'inquiétude. Le personnage à collet de buffle lui paraissait singulièrement suspect.

— Monsieur, dit-il en cherchant à payer d'audace, je ne me sens aucun goût pour la compagnie de vos gens... car celui dont vous parlez est sans doute votre intendant?

— C'est en effet mon intendant, reprit sèchement Croissi ; mais adieu, sire écolier, mille excuses... je suis pressé de causer avec cette aimable dame.

Il poussa par les épaules le pauvre Eustache qui n'osait résister, et finit par fermer la porte sur lui en murmurant :

— Je suis sûr au moins que celui-là ne nous trahira pas.

Pendant ce dialogue, mademoiselle de Montglat, pâle et agitée, s'était avancée rapidement vers Fabien, dont l'accueil la glaça. Il restait morne et silencieux en sa présence ; il ne manifestait ni ces transports, ni cette joie qu'eût dû ressentir un jeune homme profondément épris, en revoyant, après une longue absence, celle qu'il aimait. Elisabeth devina la vérité.

— Fabien, demanda-t-elle en saisissant sa main, j'arrive trop tard, n'est-ce pas? Il vous a dit...

— Tout, répondit Croissi qui détourna les yeux.

— Et vous m'accusez! vous me reprochez d'être la cause de votre perte? Fabien, ne me jugez pas sans m'entendre!

— Vous ai-je adressé le moindre reproche, mademoiselle? dit Fabien d'un air sombre; ma vie vous appartient; vous avez eu raison d'en disposer, quoique peut-être...

Elisabeth jeta furtivement un regard du côté du baron qui congédiait l'écolier.

— Soyez calme, reprit-elle précipitamment à voix basse, et ne vous effrayez pas trop de ce que vous m'entendrez dire devant lui.

En ce moment le baron s'approcha d'elle, d'un air empressé ; son visage maigre exprimait une joie méchante, mêlée d'un peu d'étonnement.

— Eh bien, mademoiselle, dit-il de ce ton léger, alors de mode dans les cercles de la cour, est-ce l'usage que les filles d'honneur de notre auguste reine aillent ainsi trouver en plein jour les jeunes cavaliers ? Vrai Dieu ! ce serait une plaisante histoire pour divertir les oisifs du Palais-Royal; et vous conviendrez, ma toute belle, que vous vous êtes mise à ma discrétion ?

— Je vous sais trop prudent, monsieur le baron, et surtout trop ami de vous-même, répondit Elisabeth avec fierté, pour craindre de vous voir abuser jamais contre moi d'une démarche fort innocente, surtout quand je viens ici d'après un ordre de ma royale maîtresse.

— Un ordre de la reine? reprit Albert effrayé, que signifie ceci? Quelque nouveau caprice, sans doute !... Oh! bien fous les hommes de cœur qui mettent leur dévouement et leur courage au service d'une femme !...

— Arrêtez, monsieur, interrompit mademoiselle de Montglat avec autorité, ici comme partout les volontés de votre souveraine doivent être sacrées pour vous... Malheureusement, continua-t-elle d'un ton différent, il est trop tard pour exécuter celles que je devais vous transmettre !

— Que voulez-vous dire ?

— La reine, sur les représentations que je lui ai faites, vous ordonnait de ne rien révéler à M. Fabien et de choisir une autre personne pour l'exécution de votre projet.

Fabien eut un mouvement de surprise.

— Ce n'est que cela ? dit le baron tranquillement, eh bien, ma charmante, vous pouvez rassurer Sa Majesté et vous rassurer vous-même au sujet de mon frère ! Il n'a pas trop mal pris la chose ; et, sauf quelques scrupules, il accepte la proposition.

— Il accepte ? répéta mademoiselle de Montglat en tressaillant.

— Il peut vous en donner l'assurance lui-même.

— Oh! vous ne lui avez pas dit la vérité! reprit la fille d'honneur avec force ; vous avez égaré sa raison par quelque habile mensonge... Je connais, moi, votre horrible adresse, monsieur de Croissi, à voiler sous de riantes apparences l'action la moins innocente !

— Répondez, mon frère, dit le baron en souriant.

— Je sais, répliqua Fabien d'une voix lente et solennelle, que je suis chargé de verser le sang le plus pur de la France, que je suis chargé de frapper à mort, traîtreusement et dans l'ombre, le héros qui dans vingt batailles, s'est acquis une gloire immortelle!..... Mais je sais aussi qu'Elisabeth de Montglat a été la première à m'engager dans une pareille entreprise, et sur la foi de son nom j'irai jusqu'au bout.

— Fabien, oh! Fabien, ne croyez pas...

— Qu'est-ce-à-dire, mademoiselle? s'écria le baron en fixant sur elle des yeux ardents; oubliez-vous sitôt vos engagements? allez-vous désavouer vos actions et vos paroles?

La jeune fille baissa la tête.

— Nierez-vous, reprit Albert, que vous ayez su dans quel but je devais amener Fabien à Paris, lorsque vous m'avez chargé d'un billet pour lui?

— Je ne le nie pas, répondit Elisabeth en pleurant.

— N'est-il pas vrai que vous avez promis votre main à mon frère, en récompense du service qu'il va rendre à l'Etat ?

— Monsieur, de grâce...

— Répondez, répondez, dit le baron d'un ton menaçant, est-ce vrai ?

— C'est vrai.

— Vous l'entendez, Fabien ? reprit Albert en se tournant vers son cadet, qui observait d'un air abattu l'espèce de torture morale imposée à Elisabeth ; vous voyez si je vous ai trompé... Maintenant, l'une des conditions que vous avez mise à votre obéissance est remplie ; l'autre le sera bientôt.

Fabien restait muet et Elisabeth pleurait toujours. Le baron promena de l'un à l'autre un regard de triomphe.

— Maintenant que nous nous entendons, reprit-il tranquillement après un moment de silence, il faut nous séparer. Ce soir, Fabien, je viendrai vous prendre pour vous conduire en présence de gens qui ont besoin de vous connaître. Jusque là, ne cherchez pas à sortir de cette maison, car peut-être n'iriez-vous pas loin sans faire de mauvaises rencontres... Quant à moi, je vais annoncer sur-le-champ à qui de droit le résultat de ma négociation ; je serais fier, mademoiselle, continua-t-il avec une politesse railleuse en s'adressant à Elisabeth, de vous offrir la main jusqu'à votre carrosse.

— Si c'est un ordre, répondit la jeune fille en dominant sa douleur, je refuse de m'y soumettre ; si c'est une invitation digne d'un galant homme, je vous avouerai, monsieur, que je désirerais causer un instant seule avec M. Fabien de Croissi.

— Oh! oui, oui, restez, murmura Fabien avec égarement ; il faut que je vous parle ou j'en mourrai !

— Ce n'est, ce ne peut-être qu'une invitation, mademoiselle, reprit le baron avec un sourire sardonique ; seulement les convenances que doit observer une fille de bonne maison....

— Il est des circonstances bien plus impérieuses que les convenances, monsieur le baron.

— Il suffit, mademoiselle ; je vous préviens cependant que vous ne pouvez compter, pour vous reconduire au palais, sur le drôle en robe noire qui vous servait d'escorte tout-à-l'heure ; à la vérité vous n'aurez pas de peine à trouver un cavalier plus avenant !

— En effet, dit Elisabeth qui jusque là s'était à peine aperçue de l'absence de l'écolier, qu'est devenu cet honnête garçon qui montre tant de zèle pour le service de M. Fabien ?

— Ah ! il montre du zèle... Eh bien, je puis vous dire où il est, moi... Il est à la Bastille.

— A la Bastille ?

— A moins que le capitaine Renaud n'ait mieux aimé le conduire au Grand-Châtelet, qui est plus proche.

— Mon frère, ceci est une cruauté gratuite dont vous rendrez compte !

— Monsieur le baron, qu'aviez-vous à craindre de ce malheureux jeune homme?

— Je vous laisse, reprit Albert d'un ton menaçant ; roucoulez tant que voudrez, mes jolis amoureux, mais prenez bien garde de ne pas oublier vos promesses l'un et l'autre et de ne rien dire de trop... C'est un conseil d'ami que je vous donne... Adieu.

Et il sortit lentement.

A peine se fut-il éloigné que mademoiselle de Montglat, donnant enfin libre cours à des sentiments longtemps contenus, se rapprocha vivement de Fabien :

— Cela n'est pas, mon ami ?... Vous n'avez pas pris cet horrible engagement? Hâtez-vous de me détromper,.. Oh! non, vous êtes trop noble, trop loyal, trop généreux pour tremper dans cet affreux complot !

— A votre tour, Elisabeth, demanda le jeune homme avec véhémence, n'est-il pas vrai que vous n'avez jamais pu l'approuver ? n'est-il pas vrai que cet aveu de tout à l'heure n'était pas sincère ; que la violence seule a pu vous l'arracher, que vous n'avez jamais désiré me pousser à un assassinat ?

— Jamais ! jamais ! Vous avez raison, Fabien, on a employé la violence, la ruse, le mensonge, que sais-je !... Vous apprendrez plus tard, Fabien, ce que j'ai souffert..... Je ne connais la vérité tout entière que depuis peu de temps ; si je l'avais connue plus tôt, au prix des plus grands malheurs, je n'eusse jamais permis que l'on abusât ainsi de mon nom pour vous engager dans cette ténébreuse affaire.

— Elisabeth, au nom du ciel, quel est ce secret qui force votre bouche à démentir votre cœur?

— Je ne puis vous le dire, répondit la jeune fille avec douleur ; de grâce, ne m'interrogez pas en ce moment...

— Mademoiselle, prenez pitié de mes mortelles angoisses... est-il donc quelque chose dont vous devez rougir vis-à-vis de moi ? dois-je craindre que vous ayez manqué à ces engagements solennels pris sous les ombrages de Montglat ?

— Non, non, Fabien ; si par légèreté, par ignorance j'ai commis une faute, elle est de nature à mériter votre indulgence lors même qu'elle attirerait sur moi des inimitiés puissantes!... mais, je vous supplie, laissons ce pénible sujet. Hâtez-vous plutôt de me dire que vous repoussez avec horreur cette infâme proposition.

— Chère Elisabeth ! dit le jeune Croissi d'un ton de reproche, avez-vous pu me croire capable d'une action si noire ? n'avez-vous pas réfléchi qu'une nécessité cruelle pouvait aussi forcer mes lèvres à démentir mes sentiments secrets ?

— Mais quelle est cette nécessité ? quels motifs vous ont obligé d'accepter cette proposition sans réflexion et sans retard ?

— Les réflexions ne m'étaient pas permises; d'ailleurs elles n'eussent pu changer ma déterminaton. J'ai voulu gagner du temps, endormir la prudence de mon frère, voilà tout.

— Mais la promesse que vous lui avez faite, il va venir en réclamer l'exécution ?

— J'avais mis à cette exécution deux conditions que je croyais impossible à remplir.

— L'une...

— Etait que vous confirmeriez en personne la part que vous prenez à cette entreprise.

— Hélas ! vous le voyez, je ne suis pas libre de vous en détourner ouvertement... Et l'autre ?

— Etait que je recevrais de la bouche même de la régente l'ordre de frapper le premier prince du sang ; et celle-là, si je ne me trompe, le baron, malgré son assurance, ne pourra la remplir.

— Et c'est sur la foi de cette impossibilité que vous avez pris cet engagement redoutable! s'écria la fille d'honneur avec désespoir ; malheureux ami, retirez votre parole, ou vous êtes perdu !

— Vous croyez donc que la régente...

— La régente est tellement exaltée par la haine, tellement égarée par les mauvais conseils, tellement aigrie par le sentiment de sa faiblesse, qu'elle ne calculera rien : ce qui serait impraticable, monstrueux dans les temps ordinaires, paraît naturel dans les temps difficiles. Vous ne savez pas combien est cruel un pouvoir avili par les factions ! La reine a reçu des avis certains que M. le prince veut se rendre maître de la personne du roi, qu'il a envoyé des émissaires en Flandre pour traiter avec les Espagnols, qu'il songe à lui ôter la régence et à la traiter comme feu le cardinal a traité Marie de Médicis ; enfin elle en est venue à ce point qu'elle achèterait la mort de son ennemi par les plus grands sacrifices. Il ne manque pas de conseillers autour d'elle pour attiser ce feu dévorant, et votre frère n'est pas le dernier. De plus, M. de Mazarin, qui de la frontière dirige les intrigues de la cour, approuve le plan de la tragédie où vous devez jouer un si triste rôle ; jugez, maintenant, si la reine reculera devant la formalité que vous exigez d'elle ! Qu'importe après tout l'ordre verbal qu'elle vous donnera ! Si plus tard, quand vous paraîtriez devant les juges, vous laissiez échapper la vérité, on ne vous croirait pas... Songez donc à ce que vous êtes maintenant, à ce que vous seriez lorsque, traduit devant la cour du parlement, vous viendriez accuser la reine et de grands seigneurs de vous avoir commandé ce crime ? Par respect pour le pouvoir royal, on étoufferait votre voix au premier mot; ceux dont vous invoqueriez le témoignage vous désavoueraient, votre frère tout le premier ; et quand même je me dévouerais pour vous, que pourrions-nous, faibles enfants, contre une autorité qui n'a de supérieure que celle de Dieu? D'ailleurs, on prendrait des précautions pour rendre vos indiscrétions impossibles, avant même que vous fussiez mis en jugement. Qui sait ce qu'il adviendrait de vous dans les profonds cachots du Châtelet, lorsqu'on aurait tant d'intérêt à étouffer votre voix ? La reine sait tout cela, Fabien ; et, soyez-en sûr, elle ne refusera pas de vous donner cet ordre impitoyable. Vous verrez ce que peut une femme orgueilleuse et irritée, quand on l'outrage à la fois comme femme et comme souveraine !

Fabien réfléchit pendant quelques instants.

— Mademoiselle, reprit-il enfin, vous m'avez dit que la reine était égarée par de mauvais conseils, cela suffit pour me confirmer dans mes espérances... Je la verrai, je lui dirai la vérité ; peut-être le ciel accordera-t-il à ma voix le don de la toucher, de lui faire comprendre combien une pareille action est indigne de la majesté du trône ! Quelquefois une parole franche, partie du cœur, calme les esprits les plus violents et les plus obstinés... Ne cherchez pas à me dissuader de mon projet ; de cet instant j'abandonne la vie. Je remplirai ce que je considère comme un grand devoir ; qu'importe ensuite ce qu'il adviendra de moi ? Vous du moins, Elisabeth, si je succombe dans mon entreprise, vous ne pourrez ni maudire ni mépriser ma mémoire.

— Oh ! renoncez à cette funeste résolution, Fabien, dit Elisabeth d'un ton suppliant ; elle est folle, elle est dangereuse, elle achèvera de nous enfermer dans un labyrinthe sans issue ! Vous ignorez, simple et bon comme vous êtes, combien est insensée votre témérité chevaleresque ! Renoncez-y pour moi qui vous aime, pour moi dont vous êtes l'espoir, qui serais seule au monde avec mes regrets si vous veniez à succomber... Écoutez, ajouta-t-elle avec précipitation, il en est peut-être temps encore, fuyez; cherchez dans Paris une retraite ignorée, restez-y caché jusqu'à ce que l'orage soit passé. Je connais la cour: les évènements marchent vite ; bientôt peut-être cette affaire sera mise en oubli par ceux-même qui sont les plus ardents aujourd'hui. Fabien, ne perdez pas un instant, fuyez avant le retour du baron.

—Fuir ! dit Fabien avec abattement ; on a dû prendre aussi des précautions rigoureuses pour empêcher mon évasion. Ce pauvre écolier qui vous a conduite ici n'a-t-il pas été enveloppé dans mon malheur pour nous avoir servis tous les deux? Elisabeth, ma chère Elisabeth, laissez mon sort s'accomplir !

Mademoiselle de Montglat ouvrit la fenêtre et jeta dans la cour un regard avide ; les estafiers du baron rôdaient autour de la maison.

— Ils sont encore là ! murmura-t-elle avec désespoir ; que faire, mon Dieu ? Mais, moi, je suis libre, ajouta-t-elle frappée d'une idée ; mon carrosse est à deux pas, et si nous pouvions l'atteindre...

— Ils vous laisseront passer et ils me retiendront de force.

— Mais ces gens-là ne vous connaissent

pas; si bien que vous ait dépeint le baron, ils hésiteront sans doute à vous arrêter... Or un instant suffira pour atteindre le carrosse et nous mettre à l'abri de toute recherche... Essayons, Fabien, peut-être notre assurance leur imposera ; peut-être n'oseront-ils pas en venir aux dernières extrémités. S'ils nous attaquent, vous vous servirez de votre épée ; si nous n'avons aucun moyen de salut, nous périrons ensemble.

— Elisabeth, je ne dois pas souffrir.

— Je le veux, je le veux !

Fabien allait peut-être céder à ces instances et tenter une entreprise qui pouvait réussir par son audace même, lorsqu'un grand bruit s'éleva dans la maison. Au même instant, on monta rapidement l'escalier, et le baron de Croissi, le teint enflammé, les vêtements en désordre, entra dans la chambre. Par la porte entr'ouverte, les deux jeunes gens purent voir des individus à mines farouches qui l'avaient suivi et se tenaient en dehors, prêts à exécuter ses ordres. Mademoiselle de Montglat craignit quelque dessein funeste ; d'un élan spontané, elle se jeta devant Fabien comme pour le défendre. Albert, sans remarquer ces signes de défiance, s'approcha de son frère :

— Monsieur, dit-il durement, il faut me suivre et quitter sur-le-champ cette maison... Un carrosse nous attend.

— Où voulez vous le conduire ? demanda mademoiselle de Montglat avec terreur.

— Il vous le dira plus tard, dit sèchement le baron.

— Eh bien, que feriez-vous, monsieur, demanda Fabien avec hauteur, si je refusais de me rendre à pareille invitation ? Albert, n'avez-vous pas déjà cruellement, abusé de votre autorité sur moi ?

— Ne me poussez pas, monsieur, à des extrémités qui me répugnent, dit Albert à demi voix, et hâtez-vous de me suivre... Sachez-le bien, ajouta-t-il plus bas, ces gens qui m'accompagnent obéiront aveuglément à mes volontés ; je ne crains même pas autant que vous le pensez ces indiscrétions dont vous parliez ce matin... J'ai répandu dans cette maison le bruit que votre intelligence était faible et que vous étiez sujet à des accès de folie... Votre conduite n'a pas démenti cette assertion, et tout ce que vous pourrez dire ne fera que la confirmer.

— Infâme ! infâme ! murmura Elisabeth.

Fabien était pâle de colère, ses dents étaient convulsivement serrées ; il parut un moment vouloir donner libre cours à son indignation ; cependant il dit avec un calme forcé.

— Du moins, monsieur, si je me rends à vos ordres, puis-je savoir pour quel motif...

— Puisque vous me parlez sur ce ton, Fabien, répondit le baron avec un désir évident de captiver la bienveillance de son frère, je suis prêt à vous répondre... Ce jeune drôle qui se mêle impertinemment de vos affaires et dont les allures sont passablement suspectes, vient d'échapper à ses gardiens.

— Qu'importe? dit Fabien, je sais à peine le nom de cet écolier, nous n'avons aucune raison de craindre...

— Tout est à craindre dans les entreprises comme la nôtre, dit vivement le baron ; allons, mon frère, hâtez-vous... Quant à vous, mademoiselle, continua-t-il avec ironie en se tournant vers la jeune fille, sans doute vous avez suffisamment fait sentir à Fabien la nécessité de l'obéissance ; je rendrai compte à votre maîtresse de votre zèle !

Il fit un signe ; les gens qui l'attendaient à la porte entrèrent dans la chambre. En un clin d'œil, les effets de Fabien et ceux que Croissi avait laissés la veille furent mis en paquets, emportés dans la voiture. Les jeunes gens gardèrent le silence en présence de ces inconnus dont les regards suivaient tous leurs mouvements. Seulement quand, précédés par le baron, ils descendirent l'escalier de l'hôtellerie. Fabien pressa furtivement la main de la fille d'honneur et lui dit à voix basse :

— Adieu, mon Elisabeth, soyez heureuse.

— Nous ne devons pas encore nous dire adieu, murmura mademoiselle de Montglat ; Fabien, mon sort sera triste comme le vôtre... mais nous nous reverrons ce soir.

Le baron donna galamment la main à la

fille d'honneur jusqu'à son carrosse, tandis que ses gens faisaient monter Fabien dans l'autre avec des témoignages de politesse qui cachaient une excessive défiance. Bientôt Albert vint le joindre ; les deux jeunes gens échangèrent encore un triste regard par les portières, et les voitures prirent des directions opposées.

FIN DU PREMIER VOLUME.

TABLE

DU PREMIER VOLUME.

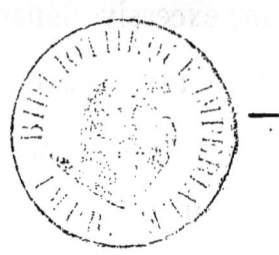

Chap. I.	Le maître de poste.	1
II.	L'Espion.	41
III.	Le manoir de Croissi.	73
IV.	Ouvertures.	103
V.	Le Pont-Neuf.	121
VI.	Le Sauveur.	155
VII.	Une Visite.	185
VIII.	La Reine.	215
IX.	Les deux frères.	257
X.	Consentement.	291

Sceaux. Impr. de E. Dépée.

A LA MÊME LIBRAIRIE.

MES
SOUVENIRS

PAR

MADAME DE BAWR.

1 volume in-8. — Prix : 6 fr.

Le même Ouvrage format Charpentier. — **Prix :** 3 francs.

À LA MÊME LIBRAIRIE.

ÉLIE BERTHET.

Le Cadet de Normandie	2 vol. in-8	10 fr.
La Ferme de la Borderie	2 vol. in-8	10 »
La Bastide Rouge	2 vol. in-8	10 »
Le dernier Irlandais	3 vol. in-8	15 »
Le Réfractaire	2 vol. in-8	10 »
Le Vallon Suisse	2 vol. in-8	10 »
Michel Morin, ouvrage d'éducation	1 vol in-12	2 »
La Malédiction de Paris	1 vol. in-18	2 »
La Falaise Sainte-Honorine	3 vol. in-8	15 »
La Fille des Pyrénées	3 vol. in-8	15 »
La Roche tremblante	2 vol. in-8	10 »
Le Roi des Ménétriers	3 vol. in-8	15 »
Le Nid de Cigognes	3 vol. in-8	15 »
L'Étang de Précigny	3 vol. in-8	15 »
Paul Duvert	2 vol. in-8	10 »
Le Château d'Auvergne	2 vol. in-8	10 »
Une Maison de Paris	3 vol. in-8	15 »
Le Château de Montbrun	3 vol. in-8	15 »
La Fille du Cabanier	2 vol. in-8	10 »
La Ferme de l'Oseraie	2 vol. in-8	10 »
Le Pacte de famine	2 vol. in-8	10 »
La belle Drapière	2 vol. in-8	10 »
Le Chevalier de Clermont	2 vol. in-8	10 »
Le Braconnier	2 vol. in-8	10 »
La Mine d'or	2 vol. in-8	10 »
Richard le fauconnier	2 vol. in-8	10 »
Le Colporteur et la Croix de l'Affût	2 vol. in-8	10 »
Justin et l'Andorre	2 vol in-8	10 »

MADAME DE BAWR.

Mes Souvenirs	1 vol. in-8	5 »
Le même Ouvrage, format Charpentier	1 vol. in-12	3 »
Un Mariage de Finance	2 vol. in-8	12 »
La Famille Récour	2 vol. in-8	12 »
Auguste et Frédéric	1 vol. in-8	6 »
Soirées des Jeunes Personnes	1 vol. in-12	3 »
(Ouvrage couronné par l'Académie Française).		
Cécilia, Mémoires d'une Héritière, ouvrage traduit de miss BURNEY	5 vol. in-8	30 »

Les 500 premiers Souscripteurs à cet ouvrage, recevront gratuitement en prime, celui qui a pour titre UN HÉRITAGE ROYAL, par FABRE D'OLIVET, 7 volumes in-8.

Sceaux. — Imprimerie de E. Depée.

www.ingramcontent.com/pod-product-compliance
Lightning Source LLC
Chambersburg PA
CBHW060504170426
43199CB00011B/1321